JHO 100시간 영어 시리즈 ② 발음

JHO 100시간 영어 시리즈 ② 발음

파닉스와 발음기호부터

영어발음 10시간에 끝내기

JHO 지음

100시간이면 당신의 영어 운명이 바뀐다

10시간만 훈련해 봅시다!

영어 정복 첫 번째 비법은 제대로 된 영어 발음을 빨리 익히는 것!

영어 발음을 제대로 배우는 것은 영어 정복을 향한 가장 중요한 첫 단추입니다. 이 책은 평범한 한국인들이 영어 발음을 짧은 시간에 익힐 수 있도록 오랜 강의 노하우를 모두 녹여서 만든 책입니다.

어떤 일을 하던 첫 단추를 잘 끼워야 합니다. 첫 단추를 잘못 끼우면 모든 것이 엉망이 되고 아무리 애를 써도 원하는 결과가 나오지 않습니다.

첫 단추가 잘못되면 그 이후의 모든 노력은 속된 말로 삽질이 됩니다.

발음은 영어 정복의 가장 중요한 첫 단추!

오랫동안 수많은 사람들이 저에게 영어를 잘하는 비법을 알려달라고 물어왔습니다. 그때마다 저는 말합니다.

"제대로 된 영어 발음을 배운 후에 정확한 영어 발음으로 좋은 교재를 소리 내어 읽고 영어 소리를 들을 때는 소리에만 집중해서 들어라. 그러면 발음과 리스닝 그리고 스피킹이 곧 해결된다.

영어 소리가 들리기 시작하면, 한국어로 해석하지 말고 영어 그대로 이해하면서 영어 소리를 듣고, 영어 리딩을 할 때도 수준에 맞는 좋은 교재를 해석하지 말고 영어 그대로 이해하면서 반복해서 읽어라. 그리고 영어 그대로 이해하는 독해가 가능하게 되면 다양한 교재를 읽어라. 그러면 리스닝, 스피킹, 리딩, 작문 등 실용영어가 해결될 뿐만 아니라 문법과 단어마저 해결되어 시험공부도 따로 할 필요가 없어진다. 이것이 영어를 잘하는 유일한 비법이다."

그러나 사람들은 그런 것 말고 진짜 비법을 알려달라고 다시 저에게 묻습니다. 그러면… 저는 조그맣게 답합니다. "그럼 평생 로또나 열심히 사세요…"

부자가 되기 위해서 '열심히 일하고 아껴 쓰는 것' 이외의 다른 방법은 없습니다. '열심히 일하고 아껴 써도' 부자가 되지 못할 때나 요령이 필요한 것입니다. 열심히 일하지도 않고 낭비를 하면서 부자가 되는 법을 원한다면 로또를 사는 것 외에 다른 방법이 없습니다. 열심히 일하지 않고 아껴 쓰지도 않으며 비법만 찾는 사람들은 평생을 고생하며 가난하게 살아야 할 것입니다.

영어도 마찬가지입니다. 요령을 지나치게 피우지 않고 **제대로 된 방법**으로 열심히 하는 것이 영어를 잘하는 유일한 비법입니다. 귀찮다고 첫 단추인 발음을 생략하고 요령만 찾아 헤맬수록 고생만 하고 실력도 잘 늘지 않습니다.

부자가 되려면 남과의 경쟁에서 이겨야 할 때가 많습니다. 그래서 요령이 필요할 때도 있을 것입니다. 그러나 영어를 잘하는 일은 남과 경쟁할 필요가 없는 일이라서 제대로 된 방법으로 열심히 하기만 하면 됩니다.

수천만 명의 한국인들이 특별한 요령 없이 한국어를 마스터하였듯이 수억 명의 미국인들도 별다른 요령 없이 제대로 된 방법으로 열심히 해서 영어를 잘하게 되었습니다.

제대로 된 영어 학습 방법이란 발음을 제대로 배우고, 제대로 된 방법으로 소리 내어 읽고, 제대로 집중하여 듣고, 영어 그대로 이해하며 읽는 것입니다.

영어 정복의 첫 번째 비법은 제대로 된 영어 발음을 빨리 익히는 것입니다.
원어민이 못 알아듣는 발음의 스피킹은 그저 혼자서 떠드는 것일 뿐입니다.

10시간만 열심히 훈련해 봅시다!

목차

책의 특징   8

1장 발음기호 익히기   11

1. 발음기호 가볍게 보기   13
2. 발음기호 단어로 가볍게 보기   15
3. 초등 필수 단어로
   발음기호 익히기   17

2장 영어 발음의 기초   29

1. 음절   30
2. 유성음과 무성음   32
3. 악센트 (강세)   33
4. 악센트 연습   34

3장 영어 발음 훈련   35

1. 이 장의 학습 방법   36
   1) 첫 번째, 두 번째 연습   37
   2) 세 번째 연습   37
   3) 네 번째 연습   38

2. 기본 발음   39
   1) [t], [d]   39
   2) [l]   46
   3) [p], [b]   49
   4) [f], [v]   55
   5) [θ], [ð]   61
   6) [s], [z]   68
   7) [ʃ]   76
   8) [u], [uː]   80
   9) [ou]   84
   10) [r]   90
   11) [e], [æ]   95
   12) [i], [iː]   105
   13) [ə], [ʌ]   111

3. 기타 발음   115
   1) 기타 발음 간단히 끝내기   115
   2) 기타 발음 간단히 연습해 보기   116

4. 이중 모음   120
5. 혼성 모음   123

4장 발음 법칙   144

1. 연음   146
2. 구개음화   149
3. 생략   152

5장 스스로 점검해 보기   154

1. 사전 리딩   155
2. 자가 점검하기   156
3. 학습 방법 결정   157
4. 나의 학습 방법   166

6장 파닉스 간단히 끝내기   171

7장 심화 훈련   197

1. 기타 자음   200
   1) [j]   200
   2) [w]   201
   3) [ʒ]   201
   4) [tʃ], [dʒ]   205
   5) [h]   209
   6) [k], [g]   210
   7) [m], [n], [ŋ]   214

2. 기타 모음   220
   1) [aː]   220
   2) [ɔː]   222
   3) [u]   225

3. 이중 모음   228
   1) [ai]   230
   2) [au]   229
   3) [ɔi]   230
   4) [ei]   232

4. 혼성 모음   233
   1) [əːr]   233
   2) [aːr]   236
   3) [ɔːr]   238
   4) [eər]   240
   5) [iər]   241
   6) [uər]   242
   7) [aiər]   244
   8) [auər]   246

책의 특징

파닉스, 발음기호, 영어 발음을 한 권으로 끝내기
초등학생이나 왕초보를 위해 발음기호 익히기 코너와 파닉스 학습 코너를 마련하여 이 한 권으로 영어 기초를 다질 수 있도록 하였습니다.

왕초보도 원어민이 알아듣는 영어 발음 10시간에 끝내기
50개 쯤 되는 영어 발음 중에서 한국인이 꼭 익혀야 할 발음 18개에 집중해서 훈련할 수 있도록 구성되어 왕초보도 원어민이 잘 알아듣는 영어 발음을 빠르게 가질 수 있도록 하였습니다.

독학용 학습 프로그램과 자가 점검 코너
혼자서도 자신 있게 훈련할 수 있도록 독학용 발음 훈련 프로그램과 자신의 발음 수준을 스스로 점검해 보는 코너를 마련하여 누구나 자기 수준에 맞게 훈련할 수 있도록 하였습니다.

상세한 설명과 쉬운 오디오
책만 보고 누구나 쉽게 발음을 익힐 수 있도록 준비 훈련과 본격 훈련으로 나누어 자세히 설명하였습니다. 또한 정확하고 느린 원어민의 음원과 정상 속도의 원어민 음원을 통해 원어민 음성을 정확히 들을 수 있도록 하였습니다.

친절한 영어 발음 법칙 설명
영어 발음 법칙도 원리에 따라 알기 쉽게 설명하여 발음 훈련을 마친 후에 영어책을 자신 있게 제대로 소리 내어 읽을 수 있도록 하였습니다.
(예 : 해돋이 → 해도지   did you → [didʒuː 디쥬]
　　 같이 → 가치   what you → [watʃuː 와츄]

원어민 같은 발음을 위한 고급 발음

원어민 같은 버터발음을 갖고 싶은 분들을 위하여 영어 발음 전부를 원어민식으로 익힐 수 있도록 심화 훈련 코너를 별도로 마련하여 고급 수준의 발음도 익힐 수 있도록 하였습니다.

영어 정복을 위한 발음, 리스닝, 스피킹, 리딩, 문법의 연계

발음 훈련을 마친 후에 리스닝, 스피킹, 독해, 작문 그리고 문법 실력을 완성하고 싶은 분들을 위하여 《JHO 100시간 영어 학습법》에서 제시한 방법대로 충실히 학습할 수 있도록 기본 시리즈의 모든 교재(현재 5권)를 수준과 내용면에서 일관성 있게 연결되도록 구성하였습니다.

음원 파일 다운 방법

jho100.kr 방문 혹은 아래 QR코드 인식

PART 01.
발음기호 익히기

요즈음에는 영어 발음기호를 모르는 사람들이 너무 많아서 발음기호를 익히는 코너를 맨 앞에 마련하였습니다. 이미 영어 발음기호를 잘 알고 있는 분들은 여기 1장 발음기호 익히기는 그냥 통과하시기 바랍니다.

한국어나 일본어나 영어는 모두 소리글자입니다. 그리고 한국어와 일본어는 거의 완벽한 소리글자이기 때문에 글자만 보고도 정확히 발음할 수 있어서 발음기호가 따로 필요 없습니다. 그러나 영어는 상당히 불완전한 소리글자이기 때문에 발음기호가 따로 있습니다. 따라서 영어 발음을 배우기 전에 영어 발음기호를 먼저 익혀야 합니다.

영어 단어를 외우거나 영어 문장을 읽으려면 알파벳을 먼저 익혀야 하듯이 영어 발음을 익히려면 먼저 영어 발음기호를 익혀야 합니다.

굴린다고, 발음이 부드럽다고 다 좋은 영어 발음은 아닙니다.
원어민 같은 자연스럽고 우아한 발음을 가지려면 아래의 순서를 지키며 훈련을 하여야 합니다.

1) 먼저 영어 발음기호를 익힌다.

2) 영어 발음을 배운 뒤 반복해서 훈련한다.

3) 영어 발음에 익숙해진 후에 소리 내어 많이 읽거나 영어로 말을 많이 해봄으로써 자연스럽고 부드러운 발음이 나오게 한다.

4) 부드러워진 발음으로 빠르게 소리 내어 읽거나 빠르게 말함으로써 자연스럽게 굴러가는 발음이 나오게 한다.

01 발음기호 가볍게 보기

영어 발음기호를 모르는 사람들이 너무 많아서
발음기호를 익히는 코너를 맨 앞에 마련하였습니다.

우아하고 좋은 영어 발음을 갖기 위한 첫 번째 순서가 영어 발음기호를 익히는 것입니다. 영어 발음기호를 익혀봅시다. 조금만 하시면 금방 익숙해집니다. 이 장에서는 눈으로 1, 2번만 가볍게 보고 다음 장에서 아주 쉬운 단어로 발음기호를 익힙니다.

01 모음

모음을 눈으로 1, 2번 정도만 본 후에 다음 페이지로 넘어갑니다. 알파벳과 같은 경우가 많기 때문에 새로 익혀야 하는 발음기호가 그렇게 많지 않습니다.

발음기호를 모르는 사람들이 영어 발음기호를 일단 한글 발음으로라도 익히기 위한 것이니 소리는 내지 말고 입술만 움직이며 속으로만 발음해 봅니다. 정확한 영어 발음은 뒤에 나오는 발음 훈련편에서 배웁니다.

발음기호	한글 발음	발음기호	한글 발음
[a]	아	[ə]	어
[e]	에	[ʌ]	어(강한 발음)
[i]	이	[æ]	애
[i:]	이-(긴 발음)	[ou]	오우
[ɔ]	오	[ər]	어ㄹ
[u]	우	[ar]	아ㄹ
[u:]	우-(긴 발음)	[ɔr]	오어ㄹ

※ [iː](이-)는 [i] 발음보다 더 길게 들리는 발음입니다. 자세한 내용은 발음 훈련편에서 배웁니다.
※ [uː](우-)는 [u] 발음보다 더 길게 들리는 발음입니다. 자세한 내용은 발음 훈련편에서 배웁니다.
※ [ʌ]는 [ə]보다 강하게 발음하는 소리입니다. 자세한 내용은 발음 훈련편에서 배웁니다.

02 자음

자음을 눈으로 1, 2번 정도만 본 후에 다음 페이지로 넘어갑니다. 자음도 알파벳과 같은 경우가 많기 때문에 새로 익혀야 하는 발음기호가 그렇게 많지 않습니다.

발음기호를 모르는 사람들이 영어 발음기호를 일단 한글 발음으로라도 익히기 위한 것이니 소리는 내지 말고 입술만 움직이며 속으로만 발음해 봅니다. 정확한 영어 발음은 뒤에 나오는 발음 훈련편에서 배웁니다.

발음기호	한글 발음	발음기호	한글 발음
[b]	ㅂ	[s]	ㅆ
[d]	ㄷ	[t]	ㅌ
[f]	ㅍ-	[v]	ㅂ-
[g]	ㄱ	[w]	우
[h]	ㅎ	[z]	ㅈ
[j]	이	[ŋ]	응
[k]	ㅋ	[θ]	ㅆ-
[l]	ㄹ	[ð]	ㄷ-
[m]	ㅁ	[ʃ]	쉬-
[n]	ㄴ	[ʒ]	쥐-
[p]	ㅍ	[tʃ]	취
[r]	ㄹ	[dʒ]	쥐

※ 한국어 발음과 다르거나 조금 길게 나는 발음은 '-'를 덧붙여 구분하였습니다.
자세한 내용은 영어 발음 훈련편에서 배웁니다.

02 발음기호 단어로 가볍게 보기

쉬운 단어로 발음기호를 익혀봅니다.
소리는 내지 않고 눈으로만 봅니다.

오직 발음기호를 익히기 위한 것이니 소리는 내지 말고 눈으로 1, 2번 정도만 본 후에 다음 페이지로 넘어갑니다.

01 모음

발음기호	한글 표기	단어 발음	단어	한글 표기	뜻
[a]	아	[tap]	top	탚	꼭대기
[e]	에	[bed]	bed	베드	침대
[i]	이	[it]	it	잍	그것
[i:]	이-	[i:t]	eat	이-트	먹다
[ɔ]	오	[ɔl]	all	올	모두
[u]	우	[put]	put	풑	놓다
[u:]	우-	[fu:d]	food	푸-드	음식
[ə]	어	[ə]	a	어	하나의
[ʌ]	어	[fʌn]	fun	펀	재미있는
[æ]	애	[dæd]	dad	대드	아빠
[ou]	오우	[gou]	go	고우	가다
[ər]	어르	[ərθ]	earth	어르쓰	땅, 지구
[ar]	아르	[kard]	card	카르드	카드
[ɔr]	오어르	[mɔr]	more	모어르	좀 더

02 자음

오직 발음기호를 익히기 위한 것이니 소리는 내지 말고 눈으로 1, 2번 정도만 본 후에 다음 페이지로 넘어갑니다.

발음기호	한글 표기	단어 발음	단어	한글 표기	뜻
[b]	ㅂ	[bed]	bed	베드	침대
[d]	ㄷ	[dæd]	dad	대드	아빠
[f]	ㅍ-	[fain]	fine	파인	좋은
[g]	ㄱ	[giv]	give	기브	주다
[h]	ㅎ	[help]	help	헬프	돕다
[j]	이	[jes]	yes	예(ㅣ+ㅔ)스	그렇다
[k]	ㅋ	[ki:]	key	키-	열쇠, 키
[l]	ㄹ	[laik]	like	라이크	좋아하다
[m]	ㅁ	[mæn]	man	맨	남자
[n]	ㄴ	[neim]	name	네임	이름
[p]	ㅍ	[pen]	pen	펜	(필기도구)펜
[r]	ㄹ	[rait]	right	라이트	옳은
[s]	ㅆ	[si:]	see	씨-	보다
[t]	ㅌ	[ti:]	tea	티-	(먹는)차
[v]	ㅂ-	[ˈveri]	very	베리	매우
[w]	우	[wi]	we	위(ㅜ+ㅣ)	우리
[z]	ㅈ	[zu:]	zoo	주-	동물원
[ŋ]	응	[kiŋ]	king	킹	왕
[θ]	ㅆ-	[θiŋk]	think	씽크	생각하다
[ð]	ㄷ-	[ðis]	this	디스	이것
[ʃ]	쉬-	[ʃi:]	she	쉬-	그녀
[ʒ]	쥐-	[ˈviʒən]	vision	비젼	비전, 전망
[tʃ]	취	[tʃeər]	chair	췌어	의자
[ʤ]	쥐	[dʒab]	job	좝	직업

03 초등 필수 단어로 발음기호 익히기

이 부분을 학습할 때 주의할 점은 절대로 소리 내서 발음하면 안 되고 가능한 한 빨리 이 부분을 마치고 바로 영어 발음 훈련에 들어가야 합니다. 알파벳을 모르면 영어 단어나 영어 문장을 읽을 수 없으므로 영어 단어를 외우거나 영어 문장을 읽기 전에 우리가 알파벳을 먼저 배우는 것입니다.

마찬가지로 한국어 발음과 차이가 커서 한글로 표기할 수 없는 영어 발음이 있기 때문에 우리가 힘들게 영어 발음기호를 배우고 또 영어 발음 훈련을 하는 것입니다. 따라서 영어 발음기호는 정확한 영어 발음으로 읽어야 합니다. 그러나 아직 영어 발음기호도 모르니까 어쩔 수 없이 한글로라도 영어 발음기호를 배우고 있는 것입니다.

그런데 한글로만 영어 발음기호를 계속 읽으면 콩글리쉬 발음이 습관이 되어 정확한 영어 발음 훈련을 할 때 아주 큰 방해가 됩니다. 따라서 보고 읽을 수 있을 정도로만 발음기호를 빨리 익히고 정확한 영어 발음 훈련에 바로 들어가야 합니다. 발음기호를 100% 완벽히 외우지 못해도 발음 훈련 때에도 또 발음기호를 계속 보면서 익히게 되니까 어느 정도 익숙해졌으면 바로 다음 장으로 진도를 나가야 합니다.

이제는 아주 기초적인 초등 필수 단어로 발음기호에 익숙해지도록 합니다.

소리 내지 않고 입속으로 1번씩만 발음해보면서 발음기호를 익혀봅시다. 그냥 눈으로만 보고 가도 됩니다. 눈으로만 1번 쭉 보아도 대부분의 발음기호가 익혀질 것입니다. 발음기호를 완벽하게 외우지 않았어도 소리 내지 않고 입속으로 1, 2번만 읽은 후 다음 장으로 진도를 나갑니다. 본격적인 발음 훈련 때 계속 발음기호를 보니까 그때는 완벽히 외워질 것입니다. 발음기호에 익숙해지는 것이 목적이니 발음기호만 익힌다는 생각으로 쭉쭉 읽어나갑니다. 한글 표기 발음은 실제 영어 발음과 상당히 다른 발음도 있으니 발음기호만을 배운다는 생각으로 간단히 익히고 진짜 영어 발음은 다음 장에서 배웁니다.

01 모음

발음기호	단어	한글 표기	뜻
[a]		아	
[nat]	not	낱	~이 아니다
[lat]	lot	랕	많이
[hat]	hot	핱	더운
[tap]	top	탚	꼭대기
[stap]	stop	스탚	멈추다
[ar]		아ㄹ	
[far]	far	파ㄹ	거리가 먼
[kar]	car	카ㄹ	자동차
[star]	star	스타ㄹ	별
[kard]	card	카ㄹ드	카드
[hard]	hard	하ㄹ드	열심히
[æ]		애	
[æt]	at	앹	~에
[æz]	as	애즈	~처럼
[æm]	am	앰	~이다
[ænd]	and	앤드	그리고
[ˈæpl]	apple	애플	사과

※ [ar] 발음을 한국어로 표기하면 '아ㄹ'라고 표기할 수밖에 없습니다. 뒤의 'ㄹ'은 영어의 [r] 발음을 표기한 것입니다. 자세한 내용은 발음 훈련에서 배우고 여기서는 발음기호만 익히면서 통과하기로 합니다.

발음기호	단어	한글 표기	뜻
[ə]		어	
[ə]	a	어	하나의
[ən]	an	언	하나의
[əˈgou]	ago	어고우	~전에
[ðə]	the	더	그
[əv]	of	어브	~의
[ər]		어ㄹ	
[gərl]	girl	거ㄹ얼	소녀
[bərd]	bird	버ㄹ드	새
[ˈbərθ]	birth	버ㄹ쓰	출생
[ˈdərti]	dirty	더ㄹ티	더러운
[ʌ]		어(강한 발음)	
[ʌp]	up	엎	~위로
[bʌt]	but	벝	그러나
[bʌs]	bus	버스	버스
[kʌt]	cut	컽	자르다
[kʌp]	cup	컾	컵
[e]		에	
[end]	end	엔드	끝
[bed]	bed	베드	침대
[tel]	tell	텔	말하다
[pen]	pen	펜	펜
[red]	red	레드	빨간색

※ [ər] 발음을 한국어로 표기하면 '어ㄹ'라고 표기할 수밖에 없습니다. 뒤의 'ㄹ'은 영어의 [r] 발음을 표기한 것입니다. 자세한 내용은 발음 훈련에서 배우고 여기서는 일단 발음기호만 익히면서 통과하기로 합니다.

※ [ʌ]는 [ə]보다 강한 발음이지만 한국어로 표기하면 똑같이 '어'라고 표기할 수밖에 없습니다. 자세한 내용은 발음 훈련에서 배우고 여기서는 일단 발음기호만 익히면서 통과하기로 합니다.

발음기호	단어	한글 표기	뜻
[i]		이	
[if]	if	이프	만약 ~한다면
[in]	in	인	~안에
[it]	it	잍	그것
[big]	big	빅	큰
[fil]	fill	필	가득 채우다
[i:]		이-	
[i:t]	eat	이-트	먹다
[ti:]	tea	티-	차
[kli:n]	clean	클리인	깨끗한
[ki:p]	keep	키잎	유지하다
[ni:d]	need	니-드	필요하다
[ɔ]		오	
[ɔn]	on	온	~위에
[ɔf]	off	오프	~에서 떨어져
[ɔl]	all	올	모두
[hɔl]	hall	홀	홀
[bɔl]	ball	볼	공
[ɔr]		오어ㄹ	
[ɔr]	or	오어ㄹ	또는
[dɔr]	door	도어ㄹ	문
[stɔr]	store	스토어ㄹ	가게
[mɔr]	more	모어ㄹ	더 많은

※ [i]는 한국어 '이'와 거의 비슷한 소리이고 [i:]는 한국어 '이'보다 길게 들려 오는 소리입니다. 자세한 내용은 발음 훈련에서 배우기로 합니다.

※ [ɔr] 발음을 한국어로 표기하면 '오어ㄹ'라고 표기할 수밖에 없습니다. 뒤의 'ㄹ'은 영어의 [r] 발음을 표기한 것입니다. 자세한 내용은 발음 훈련에서 배웁니다.

발음기호	단어	한글 표기	뜻
[u]		우	
[buk]	book	북	책
[gud]	good	굳	좋은
[kuk]	cook	쿡	요리하다
[luk]	look	룩	보다
[puʃ]	push	푸쉬	밀다
[u:]		우-	
[fu:d]	food	푸-드	음식
[mu:n]	moon	무-운	달
[su:n]	soon	쑤-운	곧
[hu:]	who	후-	누구
[sku:l]	school	쓰쿠-울	학교
[ou]		오우	
[gou]	go	고우	가다
[əˈgou]	ago	어고우	~전에
[sou]	so	쏘우	그래서
[houm]	home	호움	집, 가정
[houp]	hope	호우프	바라다
[əˈgou]	ago	어고우	~전에

※ [u]는 한국어 '우'와 거의 비슷한 소리이고 [u:]는 한국어 '우'보다 길게 들려 오는 소리입니다. 자세한 내용은 발음 훈련에서 배웁니다.

이것으로 모음은 끝났습니다. 아직도 발음기호에 익숙하지 않은 사람은 빠르게 1번만 더 보고 자음편으로 진도를 나갑니다

02 자음

발음기호에 익숙해지는 것이 목적이니 발음기호만 익힌다는 생각으로 쭉쭉 읽어나갑니다. 한글 표기 발음은 실제 영어 발음과 상당히 다른 발음도 있으니 발음기호만를 배운다는 생각으로 간단히 익히고 진짜 영어 발음은 다음 장에서 배웁니다.

발음기호	단어	한글 표기	뜻
[b]		ㅂ	
[bæd]	bad	배드	나쁜
[bæg]	bag	백	가방
[bæk]	back	백	뒤
[baks]	box	박스	상자
[ˈbadi]	body	바디	몸
[d]		ㄷ	
[dæd]	dad	대드	아빠
[dɔg]	dog	도그	개
[dal]	doll	달	인형
[desk]	desk	데스크	책상
[dei]	day	데이	날
[f]		ㅍ-	
[fil]	fill	필	가득 채우다
[fiks]	fix	픽스	고치다
[fiʃ]	fish	피쉬	물고기
[fi:l]	feel	피일	느끼다
[fʌn]	fun	펀	재미있는

※ [f]는 한국어 'ㅍ'와 전혀 다른 소리인데 대부분의 한국인이 'ㅍ'로 알고 있고 조금 긴소리여서 'ㅍ-'로 표기하였습니다. 자세한 내용은 발음 훈련편에서 배웁니다.

발음기호	단어	한글 표기	뜻
[g]		ㄱ	
[gou]	go	고우	가다
[gad]	god	갇	하느님, 신
[get]	get	겓	얻다
[giv]	give	기브	주다
[gæs]	gas	개스	가스
[h]		ㅎ	
[hi:]	he	히-	그 남자
[hiz]	his	히스	그 남자의
[him]	him	힘	그 남자를
[hæv]	have	해브	가지다
[hat]	hot	핱	더운
[j]		이	
[jes]	yes	예스(이+에+스)	예
[jet]	yet	옡(이+에+ㅌ)	아직
[ju:]	you	유-(이+우-)	당신
[nju:]	new	뉴-(니+우-)	새로운
[fju:]	few	퓨-(피+우-)	많지 않은

※ [j]는 자음이지만 한국어의 '이'와 비슷하게 들리는 소리입니다.

발음기호	단어	한글 표기	뜻
[k]		ㅋ	
[kæn]	can	캔	~을 할 수 있다
[kæp]	cap	캪	모자
[kæt]	cat	캩	고양이
[kil]	kill	킬	죽이다
[kik]	kick	킥	~을 차다
[l]		ㄹ	
[let]	let	렡	~하게 하다
[leg]	leg	레그	(몸)다리
[left]	left	레프트	왼쪽
[lʌv]	love	러브	사랑하다
[liv]	live	리브	살다
[m]		ㅁ	
[mam]	mom	맘	엄마
[mæn]	man	맨	남자
[mæd]	mad	매드	미친
[mæp]	map	맾	지도
[milk]	milk	밀크	우유
[n]		ㄴ	
[nou]	no	노우	아니요
[nouz]	nose	노우즈	(신체)코
[nais]	nice	나이쓰	좋은
[nait]	night	나잍	밤
[nau]	now	나우	지금
[p]		ㅍ	
[pen]	pen	펜	펜
[pig]	pig	픽	돼지
[pin]	pin	핀	핀
[pul]	pull	풀	당기다
[put]	put	퓯	놓다

발음기호	단어	한글 표기	뜻
[r]		ㄹ	
[red]	red	레드	빨간색
[ritʃ]	rich	리취	부자의
[riŋ]	ring	링	(장신구)반지
[rouz]	rose	로우즈	장미꽃
[rʌn]	run	런	달리다
[s]		ㅆ	
[sit]	sit	앁	앉다
[set]	set	쎝	두다, 놓다
[sæd]	sad	쌔드	슬픈
[sou]	so	쏘우	그래서
[sʌn]	sun	썬	태양
[t]		ㅌ	
[ˈtæksi]	taxi	택씨	택시
[tel]	tell	텔	말하다
[test]	test	테스트	시험
[til]	till	틸	~까지
[tap]	top	탚	꼭대기
[v]		ㅂ-	
[ˈveri]	very	베리	매우
[vest]	vest	베스트	(옷)조끼
[ˈvidiou]	video	비디오우	비디오
[ˈvizit]	visit	비짙	방문하다

※ [r]는 한국어 'ㄹ'과 전혀 다른 소리인데 대부분의 한국인이 'ㄹ'로 알고 있어서 'ㄹ'로 표기하였습니다. 자세한 내용은 발음편에서 배웁니다.

※ [v]는 한국어 'ㅂ'와 전혀 다른 소리인데 대부분의 한국인이 'ㅂ'로 알고 있고 조금 긴소리여서 'ㅂ-'로 표기하였습니다. 자세한 내용은 발음편에서 배웁니다.

발음기호	단어	한글 표기	뜻
[w]		우	
[wil]	will	윌(우+ㅣ+ㄹ)	~할 것이다
[win]	win	윈(우+ㅣ+ㄴ)	이기다
[wind]	wind	윈드(우+ㅣ+ㄴ+드)	바람
[wel]	well	웰(우+ㅔ+ㄹ)	잘
[wei]	way	웨이(우+ㅔ+이)	길, 방법
[z]		ㅈ	
[zu:]	zoo	주-	동물원
[ˈzirou]	zero	지로우	(숫자)0
[saiz]	size	싸이즈	크기
[ŋ]		응	
[siŋ]	sing	씽	노래하다
[kiŋ]	king	킹	왕
[riŋ]	ring	링	반지
[sɔŋ]	song	쏭	노래
[lɔŋ]	long	롱	길다
[θ]		ㅆ-	
[θri:]	three	쓰리-	3, 셋
[θin]	thin	씬	마른, 야윈
[θiŋ]	thing	씽	것(물건)
[θiŋk]	think	씽크	생각하다
[θæŋk]	thank	쌩크	감사하다
[ˈvizit]	visit	비짙	방문하다

※ [w]는 자음이지만 한국어의 '우'와 비슷하게 들리는 소리입니다. 자세한 내용은 발음편에서 배웁니다.

※ [θ]는 한국어 'ㅆ'와 전혀 다른 소리인데 대부분의 한국인이 'ㅆ'로 알고 있고 조금 긴소리여서 'ㅆ-'로 표기하였습니다. 자세한 내용은 발음편에서 배웁니다.

발음기호	단어	한글 표기	뜻
[ð]		ㄷ-	
[ðis]	this	디스	이것
[ðæt]	that	댙	저것
[ðen]	then	덴	그때
[ðei]	they	데이	그들
[wið]	with	위드	~와 함께
[ʃ]		쉬	
[ʃi:]	she	쉬-	그녀
[ʃip]	ship	쉪	배
[ʃʌt]	shut	셛(쉬+어+ㅌ)	닫다
[ʃap]	shop	샾(쉬+아+ㅍ)	가게
[ʃou]	show	쇼우(쉬+오우)	보여주다
[ʒ]		쥐-	
[diˈsiʒən]	decision	디씨젼(쥐+어+ㄴ)	결정
[ˈviʒən]	vision	비젼(쥐+어+ㄴ)	비젼
[ˈteləviʒən]	television	텔러비젼(쥐+어+ㄴ)	텔레비젼

※ [ð]는 한국어 'ㄷ'와 전혀 다른 소리인데 대부분의 한국인이 'ㄷ'로 알고 있고 조금 긴소리여서 'ㄷ-'로 표기하였습니다. 자세한 내용은 발음편에서 배웁니다.

※ [ʃ]는 자음인데 한국어 '쉬'와 비슷하게 들리는 소리이고 조금 긴소리여서 '쉬-'로 표기하였습니다. 자세한 내용은 발음편에서 배웁니다.

※ [ʒ]는 자음인데 한국어 '쥐'와 비슷하게 들리는 소리이고 조금 긴소리여서 '쥐-'로 표기하였습니다. 자세한 내용은 발음편에서 배웁니다.

발음기호	단어	한글 표기	뜻
[tʃ]		취	
[tʃæns]	chance	챈스	기회
[tʃərtʃ]	church	처ㄹ취	교회
[tʃeər]	chair	췌어ㄹ	의자
[tʃi:z]	cheese	취-즈	치즈
[dʒ]		쥐	
[dʒab]	job	잡	일, 직업
[dʒʌmp]	jump	점프	점프
[ˈdʒʌŋgl]	jungle	정글	정글
[dʒʌst]	just	저스트	막, 방금
[dʒɔin]	join	조인	참가하다

※ [tʃ]는 자음인데 한국어 '취'와 비슷하게 들리는 소리이고 짧은 소리여서 '취'로 표기하였습니다. 자세한 내용은 발음편에서 배웁니다.

※ [dʒ]는 자음인데 한국어 '쥐'와 비슷하게 들리는 소리이고 짧은 소리여서 '쥐'로 표기하였습니다. 자세한 내용은 발음편에서 배웁니다.

이것으로 자음도 끝났습니다. 아직도 발음기호에 익숙하지 않은 사람은 빠르게 1번만 더 보고 다음의 발음 기초편으로 진도를 나갑니다.

PART 02.
영어 발음 기초

한국어와 많이 다른 영어의 소리를 제대로 배우려면 몇 가지 미리 알아야 할 것이 있습니다. 중요한 몇 가지만 이해한 후에 본격적인 발음 훈련에 들어가기로 합니다.

01 음절

'나으이 츠아는...???' 이해가 되시나요? '나의 차는'이라고 정확한 음절로 발음해야 우리도 알아듣습니다.
영어도 정확한 음절로 발음해야 원어민이 알아듣습니다.

한국어든 영어든 하나의 음절에는 모음이 하나만 들어갑니다. 예를 들면 한국어는 글자 하나가 1음절입니다. '나, 너, 담, 밥, 물, 길' 등은 1음절이고 '나라, 우리, 점심, 함께' 등은 2음절이고 '어머니, 아버지' 등은 3음절입니다. 앞의 단어들을 보면 한 음절에는 모음이 하나만 들어갑니다.

영어도 하나의 음절에는 모음이 하나만 들어갑니다. 그런데 영어는 한국어처럼 음절 단위로 글자가 이루어지는 것이 아니고 불완전한 소리글자라서 스펠링만 보고서 몇 음절인지 정확히 모를 때가 많습니다. 그래서 영어 발음기호를 알아야 합니다. 그 단어의 발음기호에 모음이 몇 개인지 보면 그 단어가 몇 음절인지 알 수 있습니다.

다음의 영어 단어들은 몇 음절일까요?
have, tree, bed, print, school, after, angry, animal, beautiful

have [hæv], tree [triː], bed [bed], print [print], school [skuːl]은 발음기호를 보면 모음이 하나뿐입니다. 따라서 1음절입니다. after [ˈæftər], angry [ˈæŋgri]는 발음기호를 보면 모음이 2개입니다. 따라서 2음절입니다. animal [ˈænəməl], beautiful [ˈbjuːtɪfəl]은 발음기호를 보면 모음이 3개입니다. 따라서 3음절입니다. ([j]는 한국어 '이'와 유사한 발음이지만 모음이 아니라 자음입니다)

1음절 단어인 have [hæv]와 bed [bed]를 억지로 한국어로 표시하자면 [해ㅂ]와 [베ㄷ]처럼 1음절로 발음해야지 모음인 'ㅡ'를 집어넣어서 '해브'나 '베드'처럼 2음절로 발음하면 안 됩니다.

마찬가지로 print [print]와 school [skuːl]도 모두 1음절이므로 굳이 한글로 표시하자면 [ㅍ린트], [ㅅ쿨]처럼 1음절로 발음해야지 모음인 'ㅡ'를 두 개나 더 집어넣어 '프린트'처럼 3음절이나 '스쿨'처럼 2음절로 발음하면 안 됩니다.

그러므로 한국어로 표기된 영어 단어장을 외우거나 한국어로 표기된 영어 교재를 가지고 학습하면 절대로 안 됩니다. 반드시 영어 발음기호를 익혀야 하고 영어 발음기호 대로 영어 음절에 맞게 발음하는 습관을 들여야 합니다.

1음절 단어인 school [skuːl]을 [스쿨]처럼 2음절로 발음하거나 1음절 단어인 print [print]를 [프린트]처럼 3음절로 발음하면서 영어 공부를 하는 것은 1음절 한국어 단어인 '담'을 [드아므]로 알고 [드아므]로 발음하면서 한국어 공부를 하는 것과 같습니다.

'나으이 츠아는 드아므에 가려서 아느보였다.' 이 말을 듣고 이해할 한국인이 과연 몇 사람이나 될까요? '나의 차는 담에 가려서 안보였다.'라고 정확한 한국어 음절로 발음해야 한국어 원어민인 우리도 알아듣습니다.

그런데... 아직도 많은 한국 사람들은 "Print your report before you go to school."(학교에 가기 전에 당신의 보고서를 출력하세요)을 "프린트 유어 리포트 비포어 고 투 스쿨"이라고 발음하거나 그렇게 한국어로 쓰여진 책을 보고 소리 내어 읽으면서 원어민이 알아듣기를 기대하고 있습니다.

"Print your report before you go to school."의 정확한 영어 발음을 한국어로 표시할 수는 없습니다. 영어 발음기호로 표시된 [print juər riˈpɔrt biˈfɔr juː gou tuː skuːl]이 정확한 영어 발음입니다. 억지로 한국어로 표시하자면 [ㅍ린트 유어ㄹ 리포ㄹ트 비포어ㄹ 유 고우 투 ㅅ쿨]이 실제 영어 발음에 조금은 가까운 한국어 표기입니다.

print [print] [프린트]는 1음절이므로 모음인 'ㅡ'를 집어넣지 않고 '프린'을 빠르게 발음한 후 'ㅡ'를 집어넣지 않고 'ㅌ'를 발음해 주어야 합니다. school [skuːl] [ㅅ쿨]도 1음절이므로 모음인 'ㅡ'를 집어넣지 않고 'ㅅㅋ'를 빠르게 발음한 후에 '울'을 발음해 주어야 합니다.

음절에 관해서는 뒤에서 여러 차례 자세히 학습할 것이니 여기서는 일단 이해만 하고 넘어가기로 합니다.

02 유성음과 무성음

모음은 모두 유성음이지만 자음은 유성음과 무성음이 있습니다.
무성음만 잘 내도 버터 냄새가 납니다.

영어 발음을 제대로 배우려면 유성음과 무성음을 정확히 소리 낼 줄 알아야 합니다. 유성음은 성대가 떨리는 소리이고 무성음은 성대가 떨리지 않는 소리입니다.

성대에 손을 대고 '아, 에, 이, 오, 우, 으'라고 발음을 해봅니다. 실제로 성대에 손을 대고 발음해보시기 바랍니다. 발음을 할 때마다 성대가 떨리는 것을 느낄 수 있을 것입니다. 모음(아, 에, 이, 오, 우, 으)는 모두 유성음이기 때문에 성대가 떨리는 것입니다. 그러나 자음은 무성음인 자음이 있고 유성음인 자음도 있기 때문에 무성음은 정확히 무성음으로, 유성음은 정확히 유성음으로 발음해야 합니다.

손을 성대에 대고 한국어 'ㅂ'을 발음해보도록 합니다. 'ㅂ'은 유성음이기 때문에 성대가 떨리는 것을 느낄 수 있습니다. 이번에는 손을 성대에 대고 한국어 'ㅍ'을 발음해봅니다. 'ㅍ'은 무성음이기 때문에 성대가 떨리지 않습니다.

그런데 'ㅍ'을 아무리 발음해 보아도 성대가 떨리는 사람도 있을 것입니다. 그 사람은 한국어 'ㅍ'을 발음하지 못해서 성대가 떨리는 것이 아니라 'ㅍ'로 발음하지 않고 유성음인 모음 'ㅣ'나 'ㅡ'를 붙여서 '피'나 '프'처럼 발음하기 때문입니다.

유성음인 모음 'ㅣ'나 'ㅡ'를 붙이지 않고 'ㅍ'만 발음할 수 있도록 몇 차례 연습을 해봅니다. 아무리 여러 차례 발음해보아도 무성음인 'ㅍ'을 발음할 때도 성대가 떨린다면 너무 스트레스를 받지는 말고 다음 페이지로 진도를 나가서 무성음인 자음을 연습할 때 그곳에서 설명한 대로 다시 연습해보도록 합니다.

무성음인 'ㅍ'을 발음할 때 성대가 떨리지 않는 분이 있다면 다시 성대에 손을 대고 'ㅂ'와 'ㅍ'를 정확히 발음해본 후 'ㅂ'을 발음할 때는 성대가 떨리고 'ㅍ'을 발음할 때는 성대가 떨리지 않는지 확인해봅니다.

03 악센트 (강세)

한국어에는 악센트가 없지만 영어에는 악센트가 있습니다.
악센트가 없으면 영어가 아닙니다.

한국어에는 악센트가 없지만 영어에는 악센트가 있습니다. 악센트가 있는 음절은 강하게 발음하고 악센트가 없는 음절은 조금 약하게 발음합니다. 원어민들은 악센트가 없는 음절을 거의 들리지 않을 정도로 아주 약하게 발음할 때도 많습니다. 그래서 악센트를 넣지 않고 발음하거나 악센트가 틀리면 원어민들이 무슨 말인지 알아듣지 못하는 경우가 많습니다.

따라서 영어를 소리 내어 읽거나 영어로 말할 때는 반드시 정확한 악센트를 넣어 주어야 합니다. 그리고 모르는 단어를 익힐 때는 반드시 그 단어의 발음과 악센트도 정확히 익혀야 합니다. 그러나 소리영어의 기초가 조금만 쌓이면 발음과 악센트 문제는 금방 해결되니까 너무 겁을 먹을 필요는 없습니다.

예를 들면 animal [ˈænɪməl]은 1음절에 악센트가 있으니 '**애**니멀'이라고 '애'를 강하게 발음해 주어야 합니다.

악센트에서 주의해야 할 점이 두가지가 있습니다.

첫째, 악센트는 모음에만 들어가는 것이 아니라 해당 음절 전체에 들어가는 것입니다.
예를 들면 remember를 사전에서 찾아보면 [rimémbər]라고 모음인 [e]에 악센트가 있는 것처럼 표시되어있지만 이것은 인쇄하기 편리하도록 그렇게 표시한 것일 뿐 실제로는 [mem] 전체에 악센트가 있는 것입니다.
따라서 [리메**엠**버]로 발음하면 안 되고 [리**멤**버]라고 두 번째 음절 전체를 강하게 발음해 주어야 합니다. 악센트가 음절 전체에 들어가는 것을 강조하고 음절 전체에 악센트를 넣어 발음하는 것을 돕기 위하여 이 책에서는 모음 위에 있는 악센트를 모두 해당 음절 처음으로 옮겨서 표시하였습니다.

둘째, print, bad, fun 같은 1음절 단어는 음절이 하나뿐이기 때문에 따로 악센트가 없습니다.

04 악센트 연습

악센트가 없으면 영어가 아닙니다.
영어 악센트는 음절 전체에 들어가는 것입니다.

다음의 단어들을 해당 음절 전체에 악센트를 정확히 넣고 2~4차례만 소리 내어 읽어본 후에 다음으로 진도를 나갑니다. 2번씩 녹음된 음원을 들어본 후에 한 단어를 2~4차례만 발음해보고 만족스럽지 않더라도 진도를 나가서 발음 훈련 때 본격적인 연습을 하도록 합니다.

(🎧 음원 02_01)

animal [ˈænɪməl 애니멀] 동물
soccer [ˈsakər 싸커] 축구
remember [rɪˈmembər 리멤버] 기억하다
important [ɪmˈpɔrtənt 임포르턴트] 중요한
particular [pərˈtɪkjulər 퍼르티큘러] 특정한
piano [piˈænou 피애노우] 피아노
Korea [Kɔˈriə 코리어] 한국
violin [vaɪəˈlɪn 바이얼린] (악기) 바이올린

음원 파일 다운 방법

jho100.kr 방문 혹은 아래 QR코드 인식

PART 03.
영어 발음 훈련

01 이 장의 학습 방법

뛰기 전에 걸음마부터 제대로 합시다.
듣고 따라 하려 하지 마시고 원어민의 발음은 참고로 들어보고
실제 발음 연습은 배운 대로 합니다.

아주 어린 아이가 처음 한국어를 배울 때 내는 소리는 어른들의 한국어 발음과는 매우 다릅니다. 우리는 처음 영어 발음을 제대로 해보는 것이기 때문에 원어민의 영어 발음과는 조금 다를 것이며 녹음된 원어민의 소리를 똑같이 흉내 내는 것은 불가능합니다.

따라서 이 장에서 발음 연습을 할 때 주의할 점은 녹음된 원어민의 소리를 그대로 따라 하려고 너무 애를 쓰지는 말고 배운대로 정확히 발음하는 것이 훨씬 중요하다는 점을 잊지 마시기 바랍니다.

즉, 녹음된 소리를 따라 하는 것이 아니라 음원을 잘 들어보고 배운대로 정확히 발음하는 것이 이 장에서의 학습 목표라는 점을 잊지 마시기 바랍니다. 원어민과 똑같은 발음이 아니라 원어민이 듣고 잘 알아듣는 영어 발음이 영어 발음 훈련의 1단계 목표입니다.

요즈음 한국에는 한국말을 잘하는 외국인들이 많습니다. 그런데 그 사람들의 발음을 들어보면 평범한 한국인과는 발음이 확실히 다릅니다. 그러나 알아듣는 데는 아무런 문제가 없습니다. 마찬가지로 영어 발음 훈련의 1차 목표는 원어민이 잘 알아듣는 영어 발음을 갖는 것입니다.

발음 훈련만 죽어라 열심히 한다고 원어민의 발음이 바로 생겨나는 것은 아니고 정확한 발음을 배운 후에 많이 듣고 많이 말해보아야 점차 원어민 같은 발음이 생겨납니다.

학습 방법

발음이 좋지 않다고 발음 연습만 너무 열심히 한다면 발음 연습에 지나치게 많은 시간

이 걸릴 수도 있습니다. 또 발음이 좋다고 대충 연습하신다면 정확한 영어 발음을 영원히 갖지 못할 수도 있습니다.

따라서 오랜 강의 경험을 바탕으로 혼자서 연습을 해도 오류가 별로 없고 빠르게 영어 발음을 익힐 방법을 소개합니다.

※ 영어 발음을 제대로 배우기 위해서는 자신의 입 모양을 정확히 보면서 연습해야 하니까 발음 연습에 들어가기 전에 자신의 입 전체를 볼 수 있는 조그만 손거울을 미리 준비해 놓고 발음 연습에 들어가시기 바랍니다.

01 첫 번째, 두 번째 연습

맨 처음 발음 연습을 할 때와 두 번째 발음 연습을 할 때는 해당 발음에 대한 설명을 잘 읽고 나서 발음 연습합니다. 각 단어는 2번씩 녹음되어 있습니다. 2번씩 녹음된 한 단어를 들어보고 그 한 단어를 2번씩 발음하는 방법으로 연습합니다.

다음 단어들도 같은 방법으로 연습합니다. 이때 원어민 성우의 발음을 따라 하려고 너무 애를 쓰지는 말고 배운대로 정확히 발음하기만 하면 됩니다. 맨 처음 발음 연습을 할 때는 단어만 연습하고 문장 읽기 연습은 생략합니다.

이 방법으로 이 장 끝까지 연습합니다.

02 세 번째 연습

1. 이 장 끝까지 연습을 2번 마쳤으면 다시 이 장 처음부터 이 장 끝까지 반복 연습합니다. 세 번째 연습부터는 단어와 문장 모두 2번씩 발음하면서 연습합니다. 이때 원어민 성우의 발음을 따라 하려고 너무 애를 쓰지는 말고 배운대로 정확히 발음하기만 하면 됩니다.

2. 단어는 2번씩 녹음되어 있습니다. 2번씩 녹음된 한 단어를 들어보고 그 한 단어를 2번씩 발음하는 방법으로 연습합니다.

문장은 느리게 1번, 정상 속도로 1번 모두 2번 녹음되어 있습니다. 느린 음원을 1번 듣고 정확히 1번 발음해 보고 정상 속도의 녹음을 1번 듣고 정확히 1번 발음해 보는 방식으로 연습합니다.

03 네 번째 연습

1. 단어와 문장 모두 2번씩 발음하면서 끝까지 진도를 나갑니다.

2. 스스로 판단하여 쉬운 부분은 1번씩만 연습하고 잘 안되는 부분만 2번씩 연습해도 좋습니다.

3. 이미 음원을 몇 차례 들어보았기 때문에 음원을 듣지 않고 발음 연습만 해도 되고 자신이 선택해서 듣고 싶은 음원만 들으며 발음 연습을 해도 됩니다.

4. 이 정도면 충분하다고 생각하면 이것으로 이 장의 연습을 끝내고 다음 장으로 진도를 나가고 아직 부족하다고 판단되면 만족스러울 때까지 여기의 03 네 번째 연습 1, 2, 3과 같은 방식으로 반복하여 연습합니다.

5. 이 장의 발음 연습을 더 해야 할지 이것으로 그만 끝내고 다음 장으로 진도를 나갈지가 애매하면 다음 장으로 진도를 나갑니다. 이 책의 진도를 계속 나가다 보면 뒷부분에 발음 능력을 스스로 점검해보는 곳이 있으니 그곳에서 스스로 점검을 해본 후에 그곳의 지시에 따라 학습을 하면 됩니다.

02 기본 발음

한국인이 꼭 익혀야 하는 발음 18개!
이것만 제대로 연습해도 원어민이 아주 잘 알아듣습니다.

01 [t], [d]

한국어로 '티디'를 발음하면서 혀가 입안 어디에 닿는지 확인해 보도록 합니다. 실제로 확인해 보시기 바랍니다. 외국에서 이민을 온 사람이 아니라면 혀가 윗니 뒷부분에 닿을 것입니다.

그러나 영어의 [t], [d]는 그보다 더 안쪽, 더 높은 곳에 혀를 대고 내는 소리입니다. 혀끝을 윗니와 잇몸이 닿는 곳에 대어 봅니다. 그런 후에 그 혀끝을 천천히 입천장 쪽으로 이동시켜보면 언덕처럼 툭 튀어나온 곳이 있을 것입니다.

잘 못 찾겠으면… 감자칩이나 꼬깔콘을 많이 먹으면 입천장에서 까지는 곳이 있는데 그곳을 찾으면 됩니다. 그곳을 발음 분야에서는 보통 치경이라고 합니다. 입천장에서 언덕처럼 툭 튀어나온 곳에서 가장 높은 곳(치경)에 혀끝을 대고 터트리듯이 내는 소리가 영어의 [t], [d] 소리입니다.

준비 체조

이 발음들은 1분 정도 준비 체조를 하듯이 사전 연습을 몇 번만 하면 금방 배울 수 있는 소리입니다.

① 입천장에서 언덕처럼 툭 튀어나온 그곳에서 가장 높은 곳(치경)에 혀끝을 대고 2초만 숨을 멈춰 입안의 공기 압력을 높입니다.

② 그런 다음 참았던 숨을 쉼과 동시에 터트리듯이 한국어 '티' 소리를 내봅니다. 한국어 '티'와는 느낌이 상당히 다른 소리가 날 것입니다. 5번만 같은 방법으로 연습을 해 봅니다.

발음 요령

[t]

① 입천장에서 언덕처럼 툭 튀어나온 그곳에서 가장 높은 곳(치경)에 혀끝을 대고 잠시 숨을 멈춰 입안의 공기 압력을 높인 후에 터트리듯이 한국어 '티' 소리를 내면 그 소리가 영어의 [ti] 소리입니다. 2, 3차례 같은 방법으로 [ti] 소리를 내봅니다.

② 이번에도 같은 요령으로 터트리듯이 소리를 내되 모음인 'ㅣ'를 빼고 무성음인 한국어 'ㅌ' 소리만 내면 그 소리가 영어의 [t] 소리입니다. 한국어 'ㅌ'이나 영어의 [t]는 모두 무성음입니다.

따라서 성대에 손끝을 대고 [t]를 발음하면 성대가 떨리지 않아야 합니다. [t]를 발음할 때 성대가 떨린다면 'ㅌ'로 발음하지 않고 '트'나 '티'처럼 유성음인 모음 '이'나 '으'를 넣어서 발음하기 때문입니다.

성대에 손끝을 대고 성대가 떨리지 않도록 유성음인 모음 '이'나 '으'를 넣지 않고 'ㅌ' 소리만 내도록 몇 차례 연습해 봅니다.

[d]

① 위의 [ti] 소리와 똑같은 요령으로 입천장에서 언덕처럼 툭 튀어나온 그곳에서 가장 높은 곳(치경)에 혀끝을 대고 잠시 숨을 멈춰 입안의 공기 압력을 높인 후에 터트리듯이 한국어 '디' 소리를 내면 그 소리가 영어의 [di] 소리입니다. 2, 3차례 같은 방법으로 [di] 소리를 내봅니다.

② 이번에도 같은 요령으로 소리를 내되 모음인 'ㅣ'를 빼고 유성음인 한국어 'ㄷ' 소리만 내면 그 소리가 영어의 [d] 소리입니다. 한국어 'ㄷ'이나 영어 [d]는 모두 유성음입니다. 따라서 성대에 손끝을 대어 보면 [d]만 발음해도 성대가 떨리는 것을 느낄 수 있을 것입니다.

주의사항

① [t], [d]가 첫소리로 오는 do [duː], day [dei], tea [tiː], two [tuː], ten [ten], tell [tel] 등을 발음할 때는 배운 대로 혀끝을 치경(입천장에서 언덕처럼 툭 튀어나온 곳)에 대고 터트리듯이 발음하면 됩니다.

그러나 [t], [d]가 끝소리로 오는 bed [bed], bad [bæd], had [hæd], it [it], but [bʌt] 등을 발음할 때는 '베드, 배드, 해드, 이트, 버트'처럼 발음하면 안 됩니다. 반드시 모음인 '으'를 집어넣지 않고 발음기호대로 '베ㄷ, 배ㄷ, 해ㄷ, 이ㅌ, 버ㅌ'처럼 발음해야 합니다.

모음인 '으'를 집어넣지 않고 정확히 발음하는지 확인하기 위해서 무성음인 [t]가 끝소리로 오는 it [it], eat [iːt], but [bʌt], hit [hit], heat [hiːt], cut [kʌt], put [put], hot [haːt], dot [daːt], taught [tɔːt] 등을 발음할 때는 반드시 손끝을 성대에 대고 [t] 발음을 할 때 성대가 떨리지 않는지 확인하면서 연습하도록 합니다.

예를 들면 성대에 손끝을 대고 it [it]를 발음하면 [i]는 유성음(모음은 모두 유성음임)이기 때문에 [i]를 발음할 때는 성대가 떨리지만 [t]는 무성음이기 때문에 [t]를 발음할 때는 성대가 떨리지 않습니다. [t]를 발음할 때는 성대가 떨리는 것은 [t]를 발음하지 못해서 그런 것이 아닙니다.

it [it]를 '이ㅌ'처럼 1음절로 발음하지 않고 모음인 '으'를 집어넣어 '이트'처럼 2음절로 발음하기 때문에 성대가 떨리는 것입니다. 성대에 손끝을 대고 it [it]를 '이ㅌ'처럼 발음해서 [t]를 발음할 때 성대가 떨리지 않도록 몇 차례 연습합니다.

그런 후에 무성음인 [t]가 끝소리로 오는 it [it], eat [iːt], but [bʌt], hit [hit], heat [hiːt], cut [kʌt], put [put], hot [haːt], dot [daːt], taught [tɔːt] 등을 발음할 때 손끝을 성대에 대고 [t] 발음을 할 때 성대가 떨리지 않는지 반드시 확인하면서 연습하도록 합니다.

② [d] 소리를 낼 때 한국어 'ㄷ'에 가까운 소리가 나야 합니다. 한국어 'ㄸ'에 가까운 소리가 나지 않도록 주의하여야 합니다.

연습 방법

단어는 2번씩 녹음되어 있습니다. 2번씩 녹음된 한 단어를 들어보고 그 한 단어를 2번씩 발음하는 방법으로 연습합니다. 원어민 성우의 발음을 따라 하려고 너무 애를 쓰지는 말고 배운대로 정확히 발음하면 됩니다. 소리 내 많이 읽고 많이 듣고 많이 말해 봄으로써 점점 원어민과 같은 발음이 나올 것입니다.

맨 처음과 두 번째 발음 연습을 할 때는 단어만 연습하고 문장 읽기 연습은 생략합니다. 이 방법으로 이 장 끝까지 연습합니다.

단어 발음 연습 (🎧 음원 03_01_01~02)

[t]

단어	발음기호	뜻
tea	[ti:]	(먹는)차
two	[tu:]	2, 둘
ten	[ten]	10, 열
tell	[tel]	말하다
talk	[tɔ:k]	이야기하다
time	[taim]	시간
it	[it]	그것
eat	[i:t]	먹다
but	[bʌt]	그러나
hit	[hit]	치다
heat	[hi:t]	더위, 열기
cut	[kʌt]	자르다
put	[put]	놓다
hot	[ha:t]	더운, 뜨거운
dot	[da:t]	점
taught	[tɔ:t]	teach의 과거

※ [ɔ:]와 [ɔ]는 같은 발음입니다. [ɔ] 발음을 많은 영어사전에서 [ɔ:]로 표기하고 있어서 이 책에서도 [ɔ] 발음을 [ɔ:]로 표기합니다.

※ [a:]와 [a]는 같은 발음입니다. [a] 발음을 많은 영어사전에서 [a:]로 표기하고 있어서 이 책에서도 [a] 발음을 [a:]로 표기합니다.

※ [i] 발음은 한국어 '이'와 비슷한 짧은 발음입니다. 그러나 [i:]는 한국어 '이'보다 더 길게 들려오는 발음이며 이 발음은 뒤에서 곧 배웁니다. 여기서는 일단 한국어 '이'보다 좀 더 길게 '이-'로 발음하면 됩니다.

[d]

단어	발음기호	뜻
do	[du:]	~을 하다
day	[dei]	하루, 날
dot	[da:t]	점
date	[deit]	날짜
data	[ˈdeitə]	데이터, 자료
bed	[bed]	침대
bad	[bæd]	나쁜
head	[hed]	머리
had	[hæd]	have의 과거
said	[sed]	say(말하다)의 과거
sad	[sæd]	슬픈
did	[did]	do의 과거
died	[daid]	die(죽다)의 과거
dead	[ded]	죽은
dad	[dæd]	아빠

※ [u:]와 [u]는 다른 발음이다. [u] 발음은 한국어 '우'와 비슷한 짧은 발음이다. 그러나 [u:]는 한국어 '우'보다 더 길게 들려오는 발음이다. 이 발음은 뒤에서 곧 배운다. 여기서는 일단 한국어 '우'보다 좀 더 길게 '우-'로 발음하면 된다.

문장 읽기 연습 (음원 03_01_03)

맨 처음 발음 연습을 할 때는 단어만 2번씩 연습하고 문장 읽기 연습은 생략합니다. 단어만 연습하면서 이 장의 끝까지 진도를 나간 후 두 번째 연습부터는 단어와 문장 모두 2번씩 연습합니다.

문장은 느리게 1번, 정상 속도로 1번 모두 2번 녹음되어 있습니다. 느린 음원을 1번 듣고 정확히 1번 발음해 보고 정상 속도의 녹음을 1번 듣고 정확히 1번 발음해 보는 방식으로 연습합니다.

원어민 성우의 발음을 따라 하려고 너무 애를 쓰지는 말고 배운대로 정확히 발음하기만 하면 됩니다.

세 번째 연습부터는 앞의 이 장 맨 앞에 있는 학습 방법을 참고하여 연습합니다.

1) Tom did not do it.
   taːm did naːt duː it

2) Ted will try to do it.
   ted wil trai tuː duː it

3) Tell Donald what to do.
   tel ˈdaːnəld waːt tuː duː

4) David told me about his bad day.
   ˈdeivid tould miː əˈbaut hiz bæd dei

5) My dad told me to study hard.
   mai dæd tould miː tuː ˈstʌdi haːrd

6) My dad didn't want to take the train.
   mai dæd ˈdidnt wɔːnt tuː teik ðə trein

1) 탐은 그것을 하지 않았다.
2) 테드는 그것을 하려고 노력할 것이다.
3) 도날드에게 무엇을 할지를 말하세요.
4) 데이비드는 그의 운이 없었던 날에 대하여 말했다.
5) 아빠는 나에게 열심히 공부하라고 말하셨다.
6) 아빠는 기차를 타고 싶어하지 않았다.

02 [l]

앞에서 [t], [d] 발음을 배웠기 때문에 이 발음도 금방 배울 수 있는 발음입니다.

준비 체조

바로 앞에서 연습한 [t], [d] 소리를 낼 때와 같이 치경(입천장에서 언덕처럼 툭 튀어 나온 곳에서 가장 높은 곳)에 혀끝을 대고 한국어로 '을라이트'를 소리 내 봅니다. 5번만 연습해 봅니다.

발음 요령

① [l] 발음은 바로 앞에서 연습한 [t], [d] 소리를 낼 때와 같이 치경(입천장에서 언덕처럼 툭 튀어나온 곳에서 가장 높은 곳)에 혀끝을 대고 내는 소리입니다. 그러나 [t], [d]처럼 터트리는 소리가 아니라 혀끝이 치경에서 머물며 약간 늘어지는 소리를 내야 합니다.

② 치경에서 머물며 약간 늘어지는 소리를 내는 것이 잘 안 되면 쉬운 방법이 있습니다. 치경에 혀끝을 대고 [l] 발음 앞에 '을'을 붙여서 몇 차례 발음 연습을 한 다음에 실제로 발음 할 때는 '을'을 입속으로만 발음한 후에 [l] 발음을 하면 됩니다.

③ lie [lai]를 '을라이'로, late [leit]를 '을레잍'로, light [lait]를 '을라잍'로 3번 정도 발음 연습합니다. 실제로 발음할 때는 '을'을 소리 내지 않고 속으로만 발음하면서 lie [lai]를 '(을)라이'로, late [leit]를 '(을)레잍'으로, light [lait]를 '(을)라잍'으로, lake [leik]를 '(을)레잌'으로 발음하면 됩니다.

연습 방법

단어는 2번씩 녹음되어 있습니다. 2번씩 녹음된 한 단어를 들어보고 그 한 단어를 2

번씩 발음하는 방법으로 연습합니다. 원어민 성우의 발음을 따라 하려고 너무 애를 쓰지는 말고 배운대로 정확히 발음하면 됩니다. 소리 내 많이 읽고 많이 듣고 많이 말해봄으로써 점점 원어민과 같은 발음이 나올 것입니다.

맨 처음과 두 번째 발음 연습을 할 때는 단어만 연습하고 문장 읽기 연습은 생략합니다. 이 방법으로 이 장 끝까지 연습합니다.

단어 발음 연습 (음원 03_02_01)

[l]

단어	발음기호	뜻
lie	[lai]	거짓말하다
light	[lait]	빛, 전등
life	[laif]	삶, 인생
late	[leit]	늦은
lake	[leik]	호수
list	[list]	목록, 리스트
live	[liv]	살다
lead	[li:d]	인도하다
leaf	[li:f]	나뭇잎
blind	[blaind]	시각장애의, 눈먼
blood	[blʌd]	피
flood	[flʌd]	홍수
class	[klæs]	수업, 학급

※ [i] 발음은 한국어 '이'와 비슷한 짧은 발음입니다. 그러나 [i:]는 한국어 '이'보다 더 길게 들려오는 발음이며 이 발음은 뒤에서 곧 배웁니다. 여기서는 일단 한국어 '이'보다 좀 더 길게 '이-'로 발음하면 됩니다.

문장 읽기 연습 (음원 03_02_02)

1) Above all, don't tell a lie.
   əˈbʌv ɔːl dount tel ə lai

2) Let's live in a small town like this.
   lets liv in ə smɔːl taun laik ðis

3) Live life, don't let life live you.
   liv laif, dount let laif liv juː

4) He looked like a fool last night.
   hiː lukt laik ə fuːl last nait

5) I would like to live my life for myself.
   ai wud laik tuː liv mai laif fɔːr maiˈself

1) 무엇보다도 거짓말을 하지 마세요.
2) 우리 이런 작은 마을에서 살아요.
3) 인생에 끌려다니지 말고 자신의 삶을 살아라.
4) 그는 어젯밤에 바보처럼 보였다.
5) 저 자신을 위해 살고 싶습니다.

03 [p], [b]

[p]와 [b]는 한국어 [ㅍ], [ㅂ]과 비슷한 소리이지만 더 강한 소리입니다. 윗입술과 아랫입술을 붙인 상태에서 입술을 빠르게 떼면서 [ㅍ], [ㅂ]을 강하게 터트리듯이 발음하는 소리가 영어의 [p]와 [b] 소리입니다.

친구랑 이야기를 하고 있는데 갑자기 친구의 코에서 코피가 주루룩 흐른다면 우리는 깜짝 놀라서 '어 피! 피!'라고 평소의 한국발음 '피'보다 더 빠르고 더 강하게 발음할 것입니다. 바로 그 때 놀라서 피! 피!라고 빠르고 강하게 내는 소리가 영어의 [p] 소리입니다.

준비 체조

① 윗입술과 아랫입술을 붙인 상태에서 입술에 약간 힘을 줍니다.

② 터트리듯이 입술을 빠르게 떼면서 '피피'를 강하게 5회 발음해 봅니다.

③ 이번에도 입술에 약간 힘을 주고 윗입술과 아랫입술을 붙인 상태에서 터트리듯이 입술을 빠르게 떼면서 입밖으로 침이 튈 정도로 강하게 '파파'를 5회 발음해 봅니다.

발음 요령

[p]

① 강하게 발음하는 몇 차례 연습이 끝났으면 윗입술과 아랫입술을 붙인 상태에서 입술을 빠르게 떼면서 터트리듯이 한국어 '피'를 발음하면 그 소리가 영어의 [pi] 소리입니다.

② 같은 요령으로 윗입술과 아랫입술을 붙인 상태에서 입술을 빠르게 떼면서 터트리

듯이 소리를 내되 모음인 'ㅣ'를 빼고 무성음인 한국어 'ㅍ' 소리만 강하게 내면 그 소리가 영어의 [p] 소리입니다. 한국어 'ㅍ'이나 영어의 [p]는 모두 무성음입니다.

따라서 성대에 손끝을 대고 [p]를 발음하면 성대가 떨리지 않아야 합니다. [p]를 발음할 때 성대가 떨린다면 'ㅍ'로 발음하지 않고 '프'나 '피'처럼 유성음인 모음 '이'나 '으'를 넣어서 발음하기 때문입니다.

성대에 손끝을 대고 성대가 떨리지 않도록 유성음인 모음 '이'나 '으'를 넣지 않고 'ㅍ' 소리만 내도록 몇 차례 연습해 봅니다.

[b]

① 위의 [pi] 소리와 똑같은 요령으로 윗입술과 아랫입술을 붙인 상태에서 입술을 빠르게 떼면서 터트리듯이 한국어 '비'를 발음하면 그 소리가 영어의 [bi] 소리입니다.

② 같은 요령으로 윗입술과 아랫입술을 붙인 상태에서 입술을 빠르게 떼면서 터트리듯이 소리를 내되 모음인 'ㅣ'를 빼고 한국어 'ㅂ' 소리만 강하게 내면 그 소리가 영어의 [b] 소리입니다. 한국어 'ㅂ'이나 영어의 [b]는 모두 유성음입니다. 따라서 성대에 손끝을 대고 [b]를 발음하면 성대가 떨리는 것을 느낄 수 있습니다.

주의사항

1. [p], [b]는 입술을 떼면서 발음하는 소리이기 때문에 [p], [b]가 끝소리로 오는 경우에도 반드시 입술을 떼면서 터트리듯이 발음해 주어야 합니다. 따라서 끝 소리가 [p], [b]로 끝나는 경우 발음이 끝났을 때 윗입술과 아랫입술이 떨어져 있어야 합니다.

예를 들면 top [taːp], job [ʤaːb]과 같이 끝 소리가 [p], [b]로 끝나는 단어를 연습할 때는 손거울로 자신의 입술을 보면서 입술을 떼면서 정확히 [p], [b] 발음을 하는지 확인하면서 연습하시기 바랍니다.

2. [p], [b]가 첫소리로 오는 pin [pin], pick [pik], bit [bit], bed [bed] 등을 발음할 때는 배운대로 윗입술과 아랫입술을 붙인 상태에서 입술을 빠르게 떼면서 강하게 발음하면 됩니다.

그러나 [p], [b]가 끝소리로 오는 tip [tip], top [taːp], job [dʒaːb], hub [hʌb] 등을 발음할 때는 모음인 '으'를 집어넣어서 '티프, 타프, 자브, 허브'처럼 발음하지 않도록 주의합니다. 모음인 '으'를 넣지 않고 반드시 '티ㅍ, 타ㅍ, 자ㅂ, 허ㅂ'처럼 발음해야 합니다.

모음인 '으'를 집어넣지 않고 1음절로 정확히 발음하는지 확인하기 위해서 무성음인 [p]가 끝소리로 오는 tip [tip], top [taːp], deep [diːp] 등을 발음할 때 손 끝을 성대에 대고 [p] 발음을 할 때 성대가 떨리지 않는지 확인하면서 연습하도록 합니다.

연습 방법

단어는 2번씩 녹음되어 있습니다. 2번씩 녹음된 한 단어를 들어보고 그 한 단어를 2번씩 발음하는 방법으로 연습합니다. 원어민 성우의 발음을 따라하려고 너무 애를 쓰지는 말고 배운대로 정확히 발음하면 됩니다. 소리 내어 많이 읽고 많이 듣고 많이 말해봄으로써 점점 원어민과 같은 발음이 나올 것입니다.

맨 처음과 두 번째 발음 연습을 할 때는 단어만 연습하고 문장 읽기 연습은 생략합니다. 이 방법으로 이 장 끝까지 연습합니다.

단어 발음 연습 (🎧 음원 03_03_01~02)

[p]

단어	발음기호	뜻
pin	[pin]	핀
pink	[piŋk]	분홍색
pick	[pik]	줍다
pea	[pi:]	완두콩
peace	[pi:s]	평화
peak	[pi:k]	정점, 절정
please	[pli:z]	제발
tip	[tip]	팁
top	[ta:p]	꼭대기
deep	[di:p]	깊은
hope	[houp]	바라다
tape	[teip]	테이프
type	[taip]	타입, 종류
pop	[pa:p]	팝뮤직
pipe	[paip]	파이프

※ [a:]와 [a]는 같은 발음입니다. [a] 발음을 많은 영어사전에서 [a:]로 표기하고 있어서 이 책에서도 [a] 발음을 [a:]로 표기합니다.

※ [i] 발음은 한국어 '이'와 비슷한 짧은 발음입니다. 그러나 [i:]는 한국어 '이'보다 더 길게 들려오는 발음이며 이 발음은 뒤에서 곧 배웁니다. 여기서는 일단 한국어 '이'보다 좀 더 길게 '이-'로 발음하면 됩니다.

[b]

단어	발음기호	뜻
bit	[bit]	조금, 약간
beat	[biː t]	치다
bet	[bet]	(내기 등을)걸다, 베팅하다
bat	[bæt]	박쥐
bed	[bed]	침대
bad	[bæd]	나쁜
beg	[beg]	구걸하다
bag	[bæg]	가방
back	[bæk]	뒤
hub	[hʌb]	허브, 중심지
job	[dʒaːb]	일, 직업
rib	[rib]	갈비뼈
rub	[rʌb]	문지르다
Bob	[baːb]	밥(사람 이름)
babe	[beib]	아기

※ [aː]와 [a]는 같은 발음입니다. [a] 발음을 많은 영어사전에서 [aː]로 표기하고 있어서 이 책에서도 [a] 발음을 [aː]로 표기합니다.

※ [i] 발음은 한국어 '이'와 비슷한 짧은 발음입니다. 그러나 [iː]는 한국어 '이'보다 더 길게 들려오는 발음이며 이 발음은 뒤에서 곧 배웁니다. 여기서는 일단 한국어 '이'보다 좀 더 길게 '이-'로 발음하면 됩니다.

문장 읽기 연습 (음원 03_03_03)

1) I'm poor. Please help me.
   aiˈm puər. pliːz   help miː

2) Put your cap on.
   put ˈjuər kæp ɔːn

3) Peter stopped playing the piano.
   ˈpiːtər staːpt ˈpleiiŋ   ðə piˈænou

4) Paul likes my apartment which is by the park.
   pɔːl laiks mai əˈpaːrtmənt witʃ iz bai ðə paːrk

5) Bob was beating the big drum before the parade.
   baːb wəz ˈbiːtiŋ ðə big drʌm biˈfɔːr ðə pəˈreid

6) Bob bought a bag of popcorn.
   baːb bɔːt   ə bæg əv ˈpapkɔːrn

7) Billy doesn't have a job.
   bili ˈdʌznt   hæv ə dʒaːb

1) 저는 가난해요. 제발 도와주세요.
2) 모자를 쓰세요.
3) 피터는 피아노 치는 것을 그만 두었다.
4) 폴은 공원옆에 있는 내 아파트를 좋아한다.
5) 밥은 그 퍼레이드 전에 큰 북을 치고 있었다.
6) 밥은 팝콘 한 봉지를 샀다.
7) 빌리는 직업이 없다.

04 [f], [v]

[f], [v]는 한국어에는 아예 없는 소리로서 윗니와 아랫입술 사이로 바람이 새면서 나는 소리입니다. 그러나 급한 성격을 조금만 참고 느긋한 마음으로 연습하면 누구나 금방 익힐 수 있는 쉬운 발음입니다.

준비 체조

윗니를 아랫입술에 닿을 듯 말 듯 살짝만 갖다 댄 상태에서 윗니와 아랫입술 사이로 공기를 길게 5초 이상 내보내 마치 풍선이나 타이어에서 바람이 빠지는 것 같은 소리가 나오도록 합니다. 이때 공기가 완전히 새나가고 발음이 다 끝날 때까지 살짝 닿은 윗니와 아랫입술을 떼지 않고 붙인 상태를 유지합니다. 이 동작을 5번만 합니다.

윗니와 아랫입술 사이로 공기를 길게 5초 이상 내보내는 연습을 5차례 이상 반복한 뒤에 발음 연습에 들어갑니다. 반드시 이 연습을 5차례 이상 연습을 한 다음에 본격적인 발음 연습에 들어가도록 합니다.

발음 요령

[v]

① 윗니를 아랫입술에 닿을 듯 말 듯 살짝만 갖다 댑니다. 이때 윗니로 아랫입술을 깨물거나 윗니로 아랫입술을 누르면 바람이 새어 나갈 곳이 없어서 바람이 새는 제대로 된 소리가 나올 수가 없습니다. 따라서 아랫입술에 닿을 듯 말 듯 윗니를 살짝만 가볍게 갖다 댑니다.

② 닿을 듯 말 듯한 윗니와 아랫입술 사이로 공기를 길게 5초 이상 3번 더 내보내는 연습을 합니다.

③ 닿을 듯 말 듯한 윗니와 아랫입술 사이로 공기를 길게 5초 이상 내보내면서 한국어 'ㅂ' 발음을 냅니다.

이것이 영어의 [v] 소리입니다. [v] 소리는 유성음이고 진동음이기 때문에 성대에 손을 대어보지 않아도 'ㅂㅂ~~~' 하고 입술이 떨리는 것을 느낄 수 있을 것입니다.

④ 닿을 듯 말 듯한 윗니와 아랫입술 사이로 공기를 내보내면서 한국어 'ㅂ' 발음과 이어지는 모음 소리를 함께 냅니다.

[f]

① 위의 [v] 소리 연습과 같은 요령으로 윗니를 아랫입술에 닿을 듯 말 듯 살짝만 갖다 댑니다.

② 닿을 듯 말 듯한 윗니와 아랫입술 사이로 공기를 길게 5초 이상 3번 내보내는 연습을 합니다.

③ 닿을 듯 말 듯한 윗니와 아랫입술 사이로 공기를 길게 5초 이상 내보내면서 한국어 'ㅍ' 발음을 냅니다.

이것이 영어의 [f] 소리입니다. [f] 소리는 무성음이기 때문에 성대에 손을 대어보면 떨림이 없습니다.

④ 닿을 듯 말 듯한 윗니와 아랫입술 사이로 공기를 내보내면서 한국어 'ㅍ' 발음과 이어지는 모음 소리를 함께 냅니다.

주의사항

1. 가끔 [f] 발음을 한국어 'ㅃ'처럼 발음하는 분들이 있는데 그 이유는 윗니로 아랫입술을 깨문 상태에서 입술을 튕기면서 발음하기 때문입니다.

[f], [v] 발음을 한 후에 아랫입술에서 윗니를 천천히 떼어내서 'ㅃ' 소리가 나지 않도록 주의하여야 합니다. [f]와 [v] 발음을 연습할 때는 항상 느긋한 마음으로 여유를 가지고 연습하시기 바랍니다.

2. [f], [v]는 윗니와 아랫입술이 살짝 닿은 상태에서 새는 소리이기 때문에 [f]나 [v]로 발음이 끝나는 단어의 경우 발음이 완전히 끝날 때까지 윗니와 아랫입술을 떼면 안 됩니다.

예를 들면 if [if], life [laif], give [giv], live [liv]와 같이 끝소리가 [f], [v]로 끝나는 단어를 발음할 때는 손거울로 자신의 입술을 보면서 발음이 완전히 끝날 때까지 윗니와 아랫입술이 살짝 닿아있는지 확인하면서 연습하시기 바랍니다.

3. 이 발음에 익숙하지 않은 사람들은 [f]나 [v] 다음에 [a], [æ], [ou] 등의 모음이 올 때 발음이 잘 안 되는 경우가 많습니다. 그런 경우 처음 연습할 때는 [f]나 [v]를 충분히 소리 낸 후에 뒤에 오는 모음을 발음하는 방식으로 구분 동작으로 연습을 한 후 이 발음에 익숙해 지면 그때 제대로 발음하면 됩니다.

예를 들면 vote [vout]와 같은 발음을 하기가 어려우면 [v] 발음을 충분히 낸 후에 [out]를 발음하는 식으로 2음절로 나누어서 발음 연습을 해도 됩니다.

마찬가지로 value [ˈvæljuː]와 같은 발음을 하기가 어려우면 [v] 발음을 충분히 낸 후에 [æljuː]를 발음하는 식으로 3음절로 나누어서 발음 연습을 해도 됩니다.

fine [fain]과 같은 발음을 하기가 어려우면 [f] 발음을 충분히 낸 후에 [ain]을 발음하는 식으로 나누어서 발음 연습을 해도 됩니다.

이 발음뿐만 아니라 어려운 발음들은 맨 처음에는 이런 식으로 구분 동작으로 나누어서 발음 연습을 하고 어느 정도 익숙해진 후에 음절에 맞게 제대로 발음하면 됩니다.

단어 발음 연습 (음원 03_04_01~02)

[f]

단어	발음기호	뜻
fee	[fi:]	요금
feel	[fi:l]	느끼다
fill	[fil]	채우다
fix	[fiks]	고치다
free	[fri:]	자유로운
fresh	[freʃ]	신선한
fine	[fain]	좋은
find	[faind]	찾다
future	[ˈfju:tʃər]	미래
if	[if]	만약~한다면
tough	[tʌf]	거친
deaf	[def]	청각 장애의
knife	[naif]	칼
life	[laif]	삶, 인생
safe	[seif]	안전한
thief	[θi:f]	도둑
wife	[waif]	아내
brief	[bri:f]	짧은, 단시간의

[v]

단어	발음기호	뜻
van	[væn]	밴, 승합차
vase	[veis]	꽃병
vote	[vout]	투표
view	[vju:]	뷰, 시야
value	[ˈvælju:]	가치
very	[ˈveri]	매우
visit	[ˈvizit]	방문하다
vital	[ˈvaitəl]	필수적인
give	[giv]	주다
live	[liv]	살다
leave	[li:v]	떠나다
love	[lʌv]	사랑하다
glove	[glʌv]	글러브, 장갑
have	[hæv]	가지다
save	[seiv]	구하다
arrive	[əˈraiv]	도착하다
believe	[biˈli:v]	믿다
valve	[vælv]	밸브

문장 읽기 연습 (🎧 음원 03_04_03)

1) I'm fine. Find your father.
   aim fain. faind ˈjuər ˈfaːðər

2) Phil felt safe.
   fil felt seif

3) My father is tough.
   mai ˈfaːðər iz tʌf

4) The vases full of flowers have been set on the table.
   ðə ˈveisiz ful əv ˈflauərz hæv biːn set ɔːn ðə ˈteibl

5) I gave you some fresh fish and you gave me this vase.
   ai geiv juː sʌm freʃ fiʃ ænd juː geiv miː ðis veis

6) Have you ever seen a vending machine that sells fruits?
   hæv juː ˈevər siːn ə ˈvendiŋ məˈʃiːn ðæt selz fruːts?

1) 나는 괜찮다. 너의 아빠를 찾아라.
2) 필은 안전하다고 느꼈다.
3) 나의 아버지는 터프하다.
4) 꽃으로 가득한 꽃병들이 테이블 위에 세팅되어 있었다.
5) 나는 너에게 신선한 생선을 주었고 너는 이 꽃병을 나에게 주었다.
6) 과일을 파는 자동판매기를 본 적이 있나요?

05 [θ], [ð]

[θ]는 무성음으로 처음 들으면 한국어 [ㅆ]와 유사하게 들리는 소리이며 때로는 [ㄸ] 처럼 들리기도 합니다. [ð]는 유성음으로 처음 들으면 한국어 [ㄷ]와 유사하게 들리는 소리입니다.

그러나 영어 발음 [θ], [ð]는 한국어 [ㅆ], [ㄷ]와는 전혀 다른 소리이며 한국어에는 아예 없는 소리입니다.

[θ], [ð] 소리를 내는 방법은 바로 앞에서 배운 [f], [v] 소리를 내는 방법과 아주 비슷합니다. 다만 [f], [v]는 윗니와 아랫입술 사이에서 나는 소리지만 [θ], [ð]는 윗니와 혀 사이에서 나는 소리인 점만 다를 뿐입니다.

한국 사람들은 이 발음을 어려워하는데 본격적인 발음 연습을 하기 전에 준비 체조를 하듯이 2분 정도만 미리 혀 근육운동을 하고 발음 연습을 하면 생각보다 아주 쉽게 금방 배울 수 있는 발음입니다.

준비 체조

한국 사람은 말을 할 때 혀를 입 밖으로 내미는 경우가 없기 때문에 이 발음을 처음 연습하기 전에 혀 근육을 푸는 준비운동을 먼저하고 연습하면 쉽게 배울 수 있습니다.

① 먼저 혀를 최대한 많이 입 밖으로 내밉니다. 혀의 아래 안쪽 뿌리가 당겨서 약간 아플 정도로 혀를 완전히 밖으로 내밀어야 합니다. 꼭 그렇게 해야 합니다. 그런 다음에 윗니를 혀에 살짝만 닿게 합니다. 앞에서 [f]와 [v] 발음을 배울 때처럼 윗니가 혀에 살짝만 닿게 합니다. 혀를 조금만 내밀고 하면 안돼냐구요? 절대로! 안됩니다!

② 그 상태에서 혀가 윗니의 끝부분에 닿을 듯 말 듯 살짝만 스치도록 하면서 천천히 혀를 입안으로 집어넣습니다. 입 밖으로 완전히 나온 혀가 입안으로 다 들어갈 때까지 5초 이상 걸리도록 달팽이가 기어가는 속도로 아주 천천히 윗니를 스치듯이 혀를 안

으로 집어넣는 동작을 5번 정도 반복합니다.

③ 그다음에는 혀를 천천히 안으로 집어넣으며 공기를 밖으로 내보냅니다. 입안의 공기를 윗니와 혀 사이로 내보내면서 입 밖으로 최대한 내민 혀가 입안으로 다 들어가는데 5초 이상의 시간이 걸리도록 혀를 천천히 안으로 집어넣으며 한국어 [ㄷ] 소리를 냅니다. 그러면 이와 혀 그리고 입 수변 전체에서 진동을 느낄 수 있는 소리가 나는데 바로 그 소리가 [ð] 소리입니다.

이 마지막 동작을 10번만 반복합니다. 반드시 10번 반복해야 합니다. 그리고 난 후에 발음 연습을 하면 이 발음이 아주 쉬워집니다.

이 발음이 잘 안 되는 분들이나 연로하신 분들은 20번 정도는 이 연습을 하여야 하고 이 발음 연습을 할 때마다 반드시 이 마지막 동작으로 10차례 정도 준비 체조를 한 후에 본격적인 발음 연습을 하여야 쉽게 이 발음이 숙달됩니다. 물론 보통의 사람들은 맨 처음에만 준비 체조를 하고 반복 연습 때는 생략하거나 3차례 정도만 해도 됩니다.

발음 요령

[ð]

① 혀 아래 안쪽의 혀뿌리가 아플 정도로 혀를 최대한 입 밖으로 완전히 내밉니다.

② 윗니를 혀에 닿을 듯 말 듯 살짝만 닿게 합니다.

③ 혀를 천천히 안으로 집어넣으며 입안의 공기를 윗니와 혀 사이로 내보내면서 한국어 [ㄷ]을 발음합니다.
(그러면 이와 혀 그리고 입 주변 전체에서 진동을 느낄 수 있는 소리가 납니다.)

④ 혀가 입 밖으로 0.5센티미터 정도 나와 있을 때 발음을 끝냅니다.

[θ]

발음하는 요령은 위의 [ð]와 같습니다.

① 혀 아래 안쪽의 혀뿌리가 아플 정도로 혀를 최대한 입 밖으로 완전히 내밉니다.

② 윗니를 혀에 닿을 듯 말듯 살짝만 닿게 합니다.

③ 혀를 천천히 안으로 집어넣으며 입안의 공기를 윗니와 혀 사이로 내보내면서 한국어 [ㅆ]를 발음합니다.

④ 혀가 입 밖으로 0.5센티미터 정도 나와 있을 때 발음을 끝냅니다.
([θ]는 무성음이기 때문에 떨림이 없는 소리가 납니다.)

주의사항

① 이 발음을 연습할 때 윗니와 혀가 닿을 듯 말듯 살짝만 닿게 하여 서로 스치듯이 연습을 하여야 합니다. 이빨로 혀를 강하게 누르거나 이빨로 혀를 꽉 물면서 연습을 하면 좋은 소리가 나지 않습니다.

그뿐만 아니라 이빨로 혀를 강하게 누르거나 꽉 물면서 열심히 연습하다 보면 혀에서 피가 나는 경우도 있습니다.

② [θ] 소리는 혀와 이빨이 스치면서 나는 소리로 처음 들으면 한국어 [ㅆ]와 비슷한 소리인데 한국어 [ㄸ]과 가까운 소리가 난다면 제대로 연습을 하고 있는 것이 아닙니다.

한국어 [ㄸ]와 가까운 소리가 나는 것은 이빨로 혀를 너무 세게 누르며 발음하거나 혀를 이동시키면서 이빨에 스치면서 발음하지 않고 이빨을 혀에 댔다가 바로 떼면서 발음하기 때문입니다.

③ [θ]와 [ð] 소리 모두 혀가 입 밖으로 0.5센티미터 정도 나온 상태에서 발음을 끝내

기 때문에 with [wið]나 bath [bæθ]처럼 th 발음으로 끝나는 단어를 발음하는 경우 발음을 끝냈을 때 혀가 입 밖으로 0.5센티미터 정도 나와 있어야 합니다.

따라서 th로 끝나는 단어의 경우 반드시 거울을 보면서 발음을 끝냈을 때 입 밖으로 혀가 나와 있는지 반드시 확인하면서 연습하시기 바랍니다.

④ 이 발음에 익숙하지 않은 사람들은 th 다음에 [æ]나 [ou] 등의 모음이 올 때 제대로 발음이 잘 안 되는 경우가 많습니다. 그런 경우 처음 연습할 때는 [ð]나 [θ]를 충분히 소리 낸 후에 뒤에 오는 모음을 발음하는 방식으로 구분 동작으로 연습을 하고 이 발음에 익숙해 지면 그때 제대로 발음하면 됩니다.

예를 들면 than [ðæn]과 같은 발음을 하기가 어려우면 [ð] 발음을 충분히 낸 후에 [æn]을 발음하는 식으로 2음절로 나누어서 발음 연습을 해도 됩니다.

마찬가지로 those [ðouz]와 같은 발음을 하기가 어려우면 [ð] 발음을 충분히 낸 후에 [ouz]를 발음하는 식으로 2음절로 나누어서 발음 연습을 해도 됩니다.

thank [θæŋk]와 같은 발음을 하기가 어려우면 [θ] 발음을 충분히 낸 후에 [æŋk]을 발음하는 식으로 2음절로 나누어서 발음 연습을 해도 됩니다.

이 발음뿐만 아니라 다른 어려운 발음들도 맨 처음에는 이런 식으로 구분 동작으로 나누어서 발음 연습을 하고 어느 정도 익숙해진 후에 음절에 맞게 제대로 발음하면 됩니다.

단어 발음 연습 (🎧 음원 03_05_01~02)

[ð]

단어	발음기호	뜻
this	[ðis]	이것
the	[ðə]	그
them	[ðem]	그들을
then	[ðen]	그리고나서, 그때
that	[ðæt]	저것
than	[ðæn]	~보다
their	[ðeər]	그들의
these	[ði:z]	이것들
they	[ðei]	그들
those	[ðouz]	저것들
bathe	[beið]	목욕시키다
smooth	[smu:ð]	스무스한, 매끄러운
with	[wið]	~와, 함께
breathe	[bri:ð]	숨을 쉬다
clothe	[klouð]	옷을 입히다
brother	[ˈbrʌðər]	형제, 남동생
father	[ˈfa:ðər]	아버지
mother	[ˈmʌðər]	어머니

[θ]

단어	발음기호	뜻
three	[θriː]	3, 셋
throw	[θrou]	던지다
thin	[θin]	마른, 야윈
thick	[θik]	두꺼운
thing	[θiŋ]	물건, 사물
think	[θiŋk]	생각하다
thief	[θiːf]	도둑
thank	[θæŋk]	감사하다
third	[θəːrd]	세 번째
thousand	[ˈθauzənd]	(숫자)1,000
bath	[bæθ]	목욕
teeth	[tiːθ]	tooth(치아, 이빨)의 복수
death	[deθ]	죽음
health	[helθ]	건강
faith	[feiθ]	신념
math	[mæθ]	수학
earth	[əːrθ]	지구, 땅
birth	[bəːrθ]	출생
worth	[wəːrθ]	가치
mouth	[mauθ]	(신체)입

문장 읽기 연습 (🎧 음원 03_05_03)

1) I think Catherine is too thin.
　ai θiŋk ˈkæθərin　iz tuː θin

2) Don't throw away the bottle, I'm thirsty.
　dount θrou　əˈwei ðə　ˈbaːtl　aim ˈθəːrsti

3) The only bad thing was the bathroom.
　ði ˈounli bæd θiŋ　wəz ðə ˈbæθrum

4) Mr Smith thought of his father's death.
　ˈmistər smiθ　θɔːt əv hiz ˈfaːðərz deθ

5) And then they went there.
　ænd ðen ðei　went ðeər

6) What do you think about meeting them then and there?
　waːt duː juː θiŋk əˈbaut ˈmiːtiŋ　ðem ðen ænd ðeər

7) After they thought about that problem,
　ˈæftər ðei　θɔːt　əˈbaut ðæt ˈpraːbləm,
　they wanted to meet their father, mother, and brothers.
　ðei ˈwɔːntid tuː miːt ðeər ˈfaːðər, ˈmʌðər, ænd ˈbrʌðərz

1) 캐써린이 너무 말랐다고 생각해요.
2) 그병 버리지 마세요. 나는 목말라요.
3) 유일하게 나쁜 것은 화장실입니다.
4) 스미스씨는 그의 아버지의 죽음을 생각했습니다.
5) 그리고 나서 그들은 그곳으로 갔습니다.
6) 그때 거기서 그 사람들을 만나는 것이 어때요?
7) 그 문제를 생각한 후에 그들은 그들의 아버지, 어머니, 그리고 남자 형제를 만나고 싶어 했습니다.

06 [s], [z]

[s], [z] 소리를 처음 연습하는 한국 사람들은 이 발음을 한국어 [ㅅ], [ㅈ] 소리로 생각합니다. 그러나 영어 발음 [s], [z]는 한국어 [ㅅ], [ㅈ]와는 전혀 다른 소리이며 한국어에는 아예 없는 소리입니다.

[s], [z] 소리를 내는 방법은 바로 앞에서 배운 [f], [v] 소리를 내는 방법과 비슷합니다. 다만 [f], [v]는 윗니와 아랫입술 사이에서 나는 소리지만 [s], [z]는 윗니와 아랫니 사이에서 나는 소리인 점이 다릅니다.

이 발음들도 본격적인 발음 연습을 하기 전에 준비 체조를 하듯이 3분 정도만 미리 연습하고 발음 연습을 하면 쉽게 금방 배울 수 있는 발음입니다.

준비 체조

① 먼저 입술을 살짝 벌린 채 윗니와 아랫니를 가볍게 붙입니다. 그런 다음에 아랫배에 힘을 주고 입안의 공기를 강하고 빠르게 그 이빨 사이로 내보냅니다. 공기를 강하게 내보내되 3초 이상 끊기지 않게 계속 내보냅니다.

그러면 한국어 발음 'ㅆ'과 'ㅊ'이 섞인 것 같은 강한 금속성 소리가 날 것입니다. 그런 소리가 나도록 3초 이상 공기를 내보내는 연습을 5번 합니다.

② 그런 다음에 위와 똑같이 입술을 살짝 벌린 채 윗니와 아랫니를 가볍게 붙인 상태에서 혀끝을 아랫니 맨 윗부분에 댄 채로 아랫배에 힘을 주고 입안의 공기를 강하고 빠르게 이빨 사이로 3초 이상 끊기지 않게 계속 내보냅니다.

그러면 한국어 발음 'ㅆ'과 'ㅊ'이 섞인 것 같은 강한 금속성 소리가 더욱더 강해질 것입니다. 그런 소리가 나도록 3초 이상 공기를 내보내는 연습을 5번 합니다.

③ 이번에는 위와 똑같이 입술을 살짝 벌린 채 윗니와 아랫니를 가볍게 붙인 상태에서

혀끝을 아랫니 맨 윗부분에 댄 채로 아랫배에 힘을 주고 입안의 공기를 강하고 빠르게 이빨 사이로 5초 이상 끊기지 않게 계속 내보내면서 한국어 'ㅈ' 소리를 냅니다.

그러면 이와 입술뿐만 아니라 얼굴 전체가 떨릴 정도의 'ㅈㅈㅈ---' 하는 진동 소리가 날 것입니다. 그 'ㅈㅈㅈ----' 하고 진동하는 소리가 턱뼈와 얼굴 뼈를 타고 머리끝까지 울릴 정도로 속된 말로 골이 흔들릴 정도 강하게 5초 이상 끊기지 않도록 소리를 내는 연습을 10번 합니다.

발음 요령

[z]

① 입술을 살짝 벌린 채 윗니와 아랫니를 가볍게 붙입니다.

② 혀끝을 아랫니 맨 윗부분에 댑니다.

③ 아랫배에 힘을 주고 입안의 공기를 강하고 빠르게 이빨 사이로 계속 내보내면서 얼굴 전체에서 떨림을 느낄 수 있을 정도로 'ㅈㅈㅈ---' 하는 강한 진동 소리가 나도록 한국어 'ㅈ' 소리를 냅니다.

④ [z] 소리로 단어가 끝나는 경우 아랫니의 맨 윗부분에 혀끝이 닿은 상태에서 발음을 끝냅니다.

⑤ 얼굴 전체가 떨릴 정도이니 굳이 성대를 만져보지 않아도 [z] 소리가 유성음인 것을 알 수 있습니다.

[s]

발음하는 요령은 위의 [z]와 같습니다.

① 입술을 살짝 벌린 채 윗니와 아랫니를 가볍게 붙입니다.

② 혀끝을 아랫니 맨 윗부분에 댑니다.

③ 아랫배에 힘을 주고 입안의 공기를 강하고 빠르게 이빨 사이로 끊기지 않게 계속 내보내면서 한국어 'ㅊ'에 가까운 날카로운 금속성의 소리가 나도록 한국어 'ㅆ' 소리를 냅니다.
※ 이때 절대로 'ㅊ'를 내면 안 되고 한국어 'ㅆ' 소리를 강하게 내서 그 소리가 거의 'ㅊ'에 가까워지도록 하여야 합니다.

④ [s] 소리로 단어가 끝나는 경우 아랫니의 맨 윗부분에 혀끝이 닿은 상태에서 발음을 끝냅니다.

⑤ [s] 소리는 무성음입니다.

주의사항

① [z], [s] 소리로 단어가 끝나는 경우 아랫니의 맨 윗부분에 혀끝이 닿은 상태에서 발음을 끝내야 합니다. 그래야 모음인 '으'가 들어가지 않아 정확한 발음과 정확한 음절로 발음할 수 있습니다.

kiss [kis]는 1음절 단어인데 '으'를 집어넣어 '키쓰'처럼 발음하면 2음절이 되어 버립니다. 우리는 콩글리시 발음에 익숙하여 '키ㅆ'나 '키쓰'가 비슷한 발음처럼 들리지만 1음절인 한국어 '담'을 '다므'처럼 발음하는 것과 같이 전혀 다른 소리가 되어 버려 원어민은 알아듣기가 어렵습니다.

따라서 무성음인 [s]로 끝나는 단어들 예를 들면 ice [ais], kiss [kis], face [feis] 같은 단어를 연습할 때 아랫니의 맨 윗부분에 혀끝이 닿은 채 모음인 '으'를 넣지 않고 발음을 끝내야 합니다. 이때 손을 성대에 대고 [s] 소리를 낼 때 성대가 떨리지 않는지 확인하면서 연습을 합니다.

② 발음기호가 [dz]로 끝나는 단어는 [z]로, 발음기호가 [ts]로 끝나는 단어는 [s]로 발음합니다.

따라서 cats [kæts]는 '캐트쓰'나 '캐츠'가 아니라 [kæs]로, sports [spɔːrts]는 '스포트쓰'나 '스포츠'가 아니라 [spɔːrs]로 발음해야 합니다.

마찬가지로 beds [bedz]는 '베ㄷㅈ'가 아니라 '베ㅈ'로, friends [frendz]는 '프렌ㄷㅈ'가 아니라 '프렌ㅈ'로 발음해야 합니다.

참고사항

단어 끝에 [z] 발음이 오는 경우에도 'ㅈ----' 하는 진동 소리로 발음하는 것이 원칙이나 원어민들이 빨리 발음하는 경우에는 단어 끝에 [z] 발음을 [s]처럼 발음하는 경우가 많습니다.

단어 발음 연습 (음원 03_06_01~02)

[z]

단어	발음기호	뜻
zip	[zip]	~을 지퍼로 잠그다
zeal	[zi:l]	열의, 열성
zoo	[zu:]	동물원
zoom	[zu:m]	줌(렌즈)
zone	[zoun]	존, 지역, 지구
zealous	[ˈzeləs]	열광적인
zebra	[ˈzi:brə]	얼룩말
zero	[ˈzirou]	(숫자)0
zipper	[ˈzipər]	지퍼
buzz	[bʌz]	윙윙거리다
size	[saiz]	크기
his	[hiz]	그의
has	[hæz]	have의 3인칭 단수형
these	[ði:z]	이것들
quiz	[kwiz]	퀴즈
music	[ˈmju:zik]	음악
busy	[ˈbizi]	바쁜
easy	[ˈi:zi]	쉬운
beds	[bedz]	침대들
friends	[frendz]	친구들
heads	[hedz]	(신체)머리들
kinds	[kaindz]	종류들
words	[wə:rdz]	말들, 단어들
winds	[windz]	바람들
hands	[hændz]	(신체)손들
kids	[kidz]	아이들

※ 발음기호가 [dz]로 끝나는 단어는 [z]로 발음합니다.

[s]

단어	발음기호	뜻
see	[siː]	보다
sin	[sin]	죄
sit	[sit]	앉다
seat	[siːt]	좌석
sick	[sik]	아픈
so	[sou]	그래서
stay	[stei]	머물다
school	[skuːl]	학교
spend	[spend]	(시간 등을)보내다
ice	[ais]	얼음
kiss	[kis]	키스
face	[feis]	얼굴
pass	[pæs]	통과하다
yes	[jes]	예(긍정의 대답)
sense	[sens]	감각, 분별
since	[sins]	~이후로
desk	[desk]	책상
first	[ˈfəːrst]	첫 번째
bats	[bæts]	박쥐들
cats	[kæts]	고양이들
its	[its]	그것의
rights	[raits]	권리들
sports	[spɔːrts]	스포츠
shirts	[ʃəːrts]	셔츠
pants	[pænts]	바지
minutes	[ˈminits]	minute {(시간)분}의 복수

※ 발음기호가 [ts]로 끝나는 단어는 [s]로 발음합니다.

문장 읽기 연습 (🎧 음원 03_06_03)

1) Yes, Let's go to see that sample.
   jes, lets gou tu: si: ðæt ˈsæmpl

2) I saw some books in the glass case.
   ai sɔ: sʌm buks in ðə glæs keis

3) Louis saw some cats in the street.
   ˈlu:is sɔ: sʌm kæts in ðə stri:t

4) Sue is good at sports.
   su: iz gud æt spɔ:rts

5) I saw some cats at this summer ice show.
   ai sɔ: sʌm kæts æt ðis ˈsʌmər ais ʃou

6) Susie saw a zebra in the zoo.
   ˈsu:zi sɔ: ə ˈzi:brə in ðə zu:

7) What is the reason that this quiz is so easy?
   wa:t iz ðə ˈri:zn ðæt ðis kwiz iz sou ˈi:zi

8) Louis likes sports.
   ˈlu:is laiks spɔ:rts
   When Louis first saw the sneakers in the street,
   wen ˈlu:is ˈfə:rst sɔ: ðə ˈsni:kərz in ðə stri:t,
   there was a simple sketch on the sneakers.
   ðeər wəz ə ˈsimpl sketʃ ɔ:n ðə ˈsni:kərz
   Louis did not like the sketch on the sneakers at first.
   ˈlu:is did na:t laik ðə sketʃ ɔ:n ðə ˈsni:kərz æt ˈfə:rst

1) 그래요, 그 샘플을 보러 갑시다.
2) 나는 유리 상자 안에서 책 몇 권을 보았다.
3) 루이스는 거리에서 고양이 몇 마리를 보았다.
4) 수는 운동을 잘한다.
5) 이번 여름 아이스 쇼에서 고양이들을 보았다.
6) 수지는 동물원에서 얼룩말을 보았다.
7) 이 퀴즈가 그렇게 쉬운 이유가 뭐지?
8) 루이스는 운동을 잘한다. 루이스가 거리에서 그 운동화를 처음 보았을 때 그 운동화에는 간단한 스케치 그림이 그려져 있었다.
루이스는 처음에 운동화에 있는 그 스케치 그림을 좋아하지는 않았다.

07 [ʃ]

[ʃ] 소리는 한국어 '쉬'와 비슷하게 들리는 소리이지만 실제로는 상당히 다른 소리입니다. [ʃ] 소리는 한국어 '쉬' 소리보다 훨씬 강하고 길게 나는 소리입니다.

그러나 그렇게 어려운 소리는 아니기 때문에 조금만 연습하면 금방 익힐 수 있는 소리입니다. 그러나 이 소리는 아랫배에 힘을 강하게 주고 배의 힘으로 내는 소리이기 때문에 몸이 허약한 사람은 연습을 조금 많이 해야합니다.

준비 체조

① 윗니와 아랫니를 0.5센티미터쯤 뗀 상태에서 거울을 보고 윗니 4개와 아랫니 4개가 다 보이는 입 모양을 한 상태에서 윗니가 더 잘 보이도록 윗입술을 조금 위로 더 올려줍니다.

개인의 입술 형태나 구강구조에 따라서 아무리 해도 윗니 4개와 아랫니 4개가 다 보이지 않을 수도 있습니다.
(윗입술과 아랫입술의 전체 모양이 사각형에 조금이라도 가까운 모양을 하고 윗입술을 위로 올려주면 됩니다.)

[ʃ]   [ʃ]

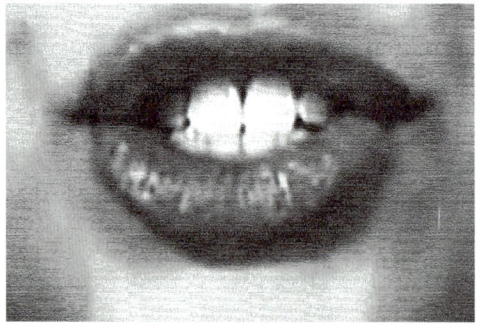 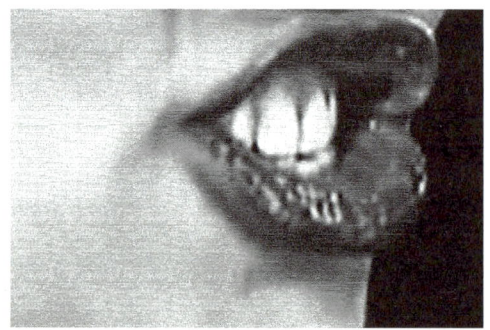

② 그리고 아랫니와 아랫잇몸이 만나는 곳에 혀끝을 대고 한국어 '쉬'를 5번 소리 내 연습을 합니다.

③ 그다음에는 아랫배에 힘을 많이 준 상태에서 아랫배에서부터 공기를 끌어 올려 소리가 3초 이상 끊기지 않고 이어지도록 길고 강하게 한국어 '쉬-' 소리를 냅니다. 이 연습을 10번 합니다.

이때 주의할 점은 허리를 숙이거나 의자에 등을 기대면 강한 소리가 나지 않기 때문에 의자에서 등을 떼고 허리를 꼿꼿하게 세운 상태에서 연습합니다. 그리고 목에만 힘을 주고 소리를 내면 제대로 된 [ʃ] 소리가 나지 않으니까 반드시 아랫배에 힘을 주고 아랫배에서부터 공기를 끌어 올려 소리를 내야 합니다.

④ [ʃ]는 무성음입니다. 따라서 손을 성대에 대면 성대가 떨리지 않아야 합니다. 그런데 한국어 '쉬' 소리에는 'ㅟ'라는 모음이 들어가 있습니다. 따라서 손을 성대에 대고 몇 차례 발음하여 성대가 떨리지 않도록 소리를 냅니다. 성대가 떨리지 않고 나는 한국어 '쉬-' 소리와 비슷하지만 훨씬 강한 소리가 영어의 [ʃ] 소리입니다. 반드시 성대가 떨리지 않도록 소리를 5번 이상 내 본 다음에 본격 발음 연습에 들어갑니다.

발음 요령

① 윗니와 아랫니를 0.5센티미터쯤 뗍니다.

② 반드시 거울을 보고 윗니 4개와 아랫니 4개가 다 보이는 입모양을 한 상태에서 윗입술을 조금 위로 더 올려줍니다.
사람에 따라서는 아무리 해도 윗니 4개와 아랫니 4개가 다 보이지 않을 수도 있습니다. 그런 경우 전체적인 입 모양을 위와 비슷한 형태를 갖추면 됩니다.
(윗입술과 아랫입술의 전체 모양이 사각형에 조금이라도 가까운 모양이 되도록 하고 윗입술을 조금 더 위로 올려주면 됩니다)

③ 아랫니와 아랫잇몸이 만나는 곳에 혀끝을 댑니다.

④ 의자에서 등을 떼고 허리를 꼿꼿하게 세운 상태에서 아랫배에 힘을 단단히 주고 아랫배에서부터 공기를 끌어 올려서 강하고 길게 '쉬-'하고 소리를 냅니다.

주의사항

[ʃ]는 무성음입니다. 따라서 fish [fiʃ]처럼 [ʃ] 발음으로 끝나는 단어를 연습할 때는 손을 성대에 대고 성대가 떨리지 않도록 소리를 냅니다.

단어 발음 연습 (음원 03_07_01)

[ʃ]

단어	발음기호	뜻
she	[ʃi:]	그녀
chef	[ʃef]	요리사
shop	[ʃa:p]	상점
shout	[ʃaut]	외치다
should	[ʃud]	~해야 한다
share	[ʃeər]	공유하다
show	[ʃou]	쇼, 보여주다
short	[ʃɔ:rt]	짧은
shirt	[ʃə:rt]	셔츠
fish	[fiʃ]	물고기
dish	[diʃ]	접시
push	[puʃ]	밀다
wash	[wa:ʃ]	씻다
wish	[wiʃ]	바라다
brush	[brʌʃ]	붓
fresh	[freʃ]	신선한
trash	[træʃ]	쓰레기
English	[ˈiŋgliʃ]	영어

문장 읽기 연습 (음원 03_07_03)

1) Take out the trash.
   teik aut ðə træʃ

2) They wash their shirts.
   ðei waːʃ ðeər ʃəːrts

3) She is an English teacher.
   ʃiː iz ən ˈiŋgliʃ ˈtiːtʃər

4) The chef should have washed the dishes.
   ðə ʃef ʃud hæv waːʃt ðə diʃiz

5) She paid cash for fresh fish.
   ʃiː peid kæʃ fɔːr freʃ fiʃ

1) 쓰레기를 버려 주세요.
2) 그들은 그들의 셔쓰를 빤다.
3) 그녀는 영어 선생님이다.
4) 그 주방장이 설거지를 했어야 했다.
5) 그녀는 현금을 주고 신선한 생선을 샀다.

08 [u], [u:]

[u] 소리는 한국어 '우'와 비슷한 소리이며 사전에 따라서는 발음기호가 [ʊ]로 표기되어 있기도 합니다. [u:] 소리는 한국어 '우'보다 훨씬 더 길고 깊은 발음입니다.

[u] 소리는 한국어 '우'와 상당히 비슷한 소리로 한국어 '우'로 발음해도 원어민이 100% 알아듣습니다. 그리고 [u] 발음이 들어간 단어들이 영어 단어 전체를 통틀어서 몇 개 되지도 않습니다. 따라서 시간이 많고 한가한 사람이 아니면 그냥 한국어 [우]로 발음하고 발음 연습은 생략하는 것이 좋습니다.

따라서 심화 학습장에 나온 [u]는 시간이 많거나 다른 발음에 완전히 숙달된 후에 시간 여유가 많이 있어서 원어민에 가까운 발음 연습을 더 하고 싶은 분들만 연습하시기 바랍니다.

[u:] 소리는 휘파람을 불 때처럼 입술을 둥글게 모아서 앞으로 내밀고 내는 소리로 한국어 '우'보다 길고 깊은 소리로 한국어에는 없는 소리입니다.

그러나 이 [u:] 소리도 본격적인 발음 연습을 하기 전에 준비 체조를 하듯이 1분 정도만 미리 연습하고 발음 연습을 하면 쉽게 배울 수 있는 발음입니다.

[u:]

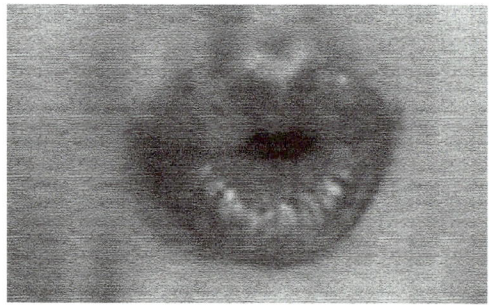

[u:]

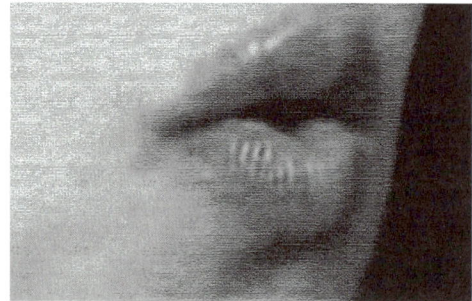

준비 체조

① 먼저 휘파람을 불 때처럼 입술을 둥글게 모아서 앞으로 내밉니다. 그리고 혀끝을 앞에서 배운 [ʃ] 소리를 낼 때처럼 아랫니와 아랫잇몸이 만나는 곳에 댑니다.

② 입술을 둥글게 모아서 앞으로 내민 모습을 하고 있는지 거울을 보며 확인하면서 혀끝은 아랫니와 아랫잇몸이 만나는 곳에 댄 상태에서 '우-' 하고 길게 5초 이상 끊기지 않도록 소리를 내는 연습을 10번 합니다.

이때 '우-' 소리를 내면서 입술을 더 둥글게 모으고 입술을 더 앞으로 내밀면서 발음을 합니다.

[u:] 발음 요령

① 휘파람을 불 때처럼 입술을 둥글게 모아서 앞으로 내밉니다.

② 혀끝은 아랫니와 아랫잇몸이 만나는 곳에 댑니다.

③ 한국어 소리보다 더 길게 약 1초 정도 끊기지 않게 '우-' 소리를 내면서 입술을 더 둥글게 모으고 입술을 더 앞으로 내밀면서 발음합니다.

단어 발음 연습 (🎧 음원 03_08_01)

[u:]

단어	발음기호	뜻
do	[dʊ:]	~을 하다
to	[tu:]	~로, ~까지
who	[hu:]	누구(사람)
shoe	[ʃu:]	신발, 구두
food	[fu:d]	음식
fool	[fu:l]	어리석은
moon	[mu:n]	달
noon	[nu:n]	정오
pool	[pu:l]	수영장
room	[ru:m]	방
choose	[tʃu:z]	선택하다
move	[mu:v]	움직이다

문장 읽기 연습 (🎧 음원 03_08_03)

1) I have to do it.
   ai hæv tu: du: it

2) Move it! Move it!
   mu:v it mu:v it

3) I will choose the fruit juice.
   ai wil tʃu:z ðə fru:t dʒu:s

4) Who is more foolish? The fool, or the fool who follows him?
   hu: iz mɔ:r ˈfu:liʃ ðə fu:l ɔ:r ðə fu:l hu: ˈfa:louz him

5) When the moon rose I moved those shoes.
   wen ðə mu:n rouz ai mu:vd ðouz ʃu:z

6) Yesterday afternoon, I was eating food in my room.
   ˈjestərdei æftərˈnu:n ai wəz ˈi:tiŋ fu:d in mai ru:m

1) 나는 그것을 해야만 한다.
2) 갑시다! 갑시다! (비켜요! 비켜요!)
3) 나는 그 과일 주스를 선택하겠다.
4) 바보와 그 바보를 따라 하는 바보 중에서 누가 더 어리석은가?
5) 달이 떠오르자 나는 그 신발들을 옮겼다.
6) 어제 오후 나는 내 방에서 음식을 먹고 있었다.

09 [ou]

[ou]는 한국어 [오우]와 비슷한 소리로 이중 모음이며 한국어에는 없는 소리입니다.

우리가 '왜'라는 복모음을 '오', '애'로 끊어서 2음절로 발음하지 않는 것처럼 [ou]는 이중 모음이지만 1음절이기 때문에 '오', '우'라고 끊어서 2음절로 발음하면 안 되고 [오우]처럼 끊김 없이 이어서 1음절로 발음해야 합니다.

중국어에는 이중 모음이 있기 때문에 중국인들은 이 [ou] 발음을 순식간에 배우는 데 한국어에는 이런 종류의 이중 모음이 없고 [오]와 [우]라는 정반대의 발음을 1음절로 끊기지 않고 소리 내야 하므로 한국 사람 대부분이 이 발음을 배우는 데 많은 어려움을 느끼고 조금 예민한 분들은 절망감을 느끼기도 합니다.

그러나 이 발음도 사전 준비 체조를 충분히 하고 나면 그렇게까지 어려운 발음이 아닙니다. 다만 일부 사람들이 절망감을 느낄 정도로 어려움을 느끼는 발음이므로 사전 준비 체조를 열심히 하고 구분 동작 발음 연습을 열심히 하여야 합니다.

준비 체조

① 먼저 아예 '오', '우'처럼 2음절로 구분하여 발음하되 조금 빠르게 발음하는 연습을 5번 합니다.

② 그런 다음 '오'는 그냥 한국어 '오'로 발음하고 '우'는 앞에서 배운 [u:] 소리와 같이 휘파람을 불 때처럼 입술을 둥글게 모아서 앞으로 내밀며 발음합니다. 즉 [오][u:]로 빠르게 발음하는 연습을 10번 합니다.

이 발음이 어려운 것은 '오' 발음은 그냥 되는데 바로 뒤에 '우'를 1음절로 붙여서 하기가 쉽지 않기 때문입니다. 따라서 2음절로 구분하여 발음하되 뒤에 오는 [u:]발음을 더 강하게 연습합니다.

즉, [오][uː]처럼 아예 2음절로 구분하여 빠르게 발음하는 연습을 하되 [오][**uː**] ('오'**'우**')처럼 뒤에 오는 [uː] 발음을 훨씬 강하게 발음합니다. [오][**uː**] ('오'**'우**')라고 빠르게 발음하는 연습을 10번 합니다. 이때 '우' 발음은 반드시 거울을 보면서 앞에서 배운 [uː] 소리와 같이 휘파람을 불 때처럼 입술을 둥글게 모아서 앞으로 내밀며 발음해야 합니다.

③ 그런 다음에 [오우]처럼 1음절로 끊기지 않게 이어서 발음해보면 신기하게도 쉽게 원어민 [오우]같은 소리가 나옵니다.

④ [오][**uː**] ('오'**'우**')라고 빠르게 발음하는 연습을 10번 해도 [오우]하는 소리가 잘 나오지 않는 분들은 이번에는 [오][**uː**] ('오'**'우**')를 빠르게 3번 발음하고 나서 [오우]라고 1번 발음하는 식으로 총 4번을 1세트 삼아 하는 연습을 몇 차례 반복하면 곧 [오우]소리가 나올 것입니다.

따라서 잘 안 되는 사람은 [오][**uː**] ('오'**'우**')라고 빠르게 3번 발음하고 나서 [오우]라고 1번 발음하는 식으로 총 4번을 한 세트 삼아 자연스러운 [오우] 소리가 나올 때까지 반복 연습을 하면 됩니다.

그리고 아래의 단어 발음 연습을 할 때도 자연스러운 [오우] 소리가 나오지 않는 사람들은 아예 음절을 구분하여 [오][**uː**]라고 2~3차례 연습한 후에 소리를 내면 쉽게 이 발음을 익힐 수 있습니다.

예를 들면 hole [houl] (호올)과 같은 소리가 자연스럽게 1음절로 발음하는 것이 잘 안 된다면 hole [houl]은 [ho][**uː**] ('호'**'울**')로 구분 동작으로 발음하는 연습을 3번 한 다음에 [houl](호올) 처럼 1음절로 발음하는 연습을 하면 됩니다.

마찬가지로 home [houm], cold [kould], post [poust], focus [ˈfoukəs], photo [ˈfoutou]와 같은 소리가 자연스럽게 되지 않는다면 home [houm]은 [ho] [**uː**m]으로, cold [kould]는 [ko] [**uː**l] [d]로, post [poust]는 [po] [**uː**] [st]로, focus [ˈfoukəs]는 [fo](포) [**uː**] [kəs]로, photo [ˈfoutou]는 [fo](포) [**uː**] [to](토) [**uː**]로 구분 동작으로 발음 연습을 3번 한 다음에 발음을 해보면 훨씬 자연스러운 [ou] [오우] 소리가 나올 것입니다.

[ou] 발음 요령

아직 [ou] 발음이 잘 되지 않는 사람은 아래의 1) 초기 연습단계처럼 단어 발음 연습을 하고 이 장을 몇 차례 반복 연습하여 조금 익숙해 지면 아래의 2) 익숙 단계처럼 단어 발음을 연습합니다.

발음이 익숙해지는 최종단계에서는 아래의 3) 숙달 단계처럼 연습하면 됩니다.

1. 초기 연습 단계

① 뒤의 [우]를 훨씬 강하게 발음하면서 한국어 [오]와 [우]로 구분하여 빠르게 3번 발음합니다.

② 이때 뒤의 [우] 발음은 앞에서 배운 [uː] 소리와 같이 휘파람을 불 때처럼 입술을 둥글게 모아서 앞으로 내밀며 발음합니다. 거울을 보면서 입 모양이 정확한지 확인하면서 발음합니다.

③ 따라서 home [houm]은 [ho] [uːm]으로, cold [kould]는 [ko] [uːl] [d]로, post [poust]는 [po] [uː] [st]로, photo [ˈfoutou]는 [fo] [uː], [to] [uː]로 구분 동작으로 연습을 3번 합니다.

④ 마지막에는 2음절로 발음하면 안되고 [오우]처럼 끊김없이 이어서 1음절로 2번 발음을 연습합니다.

따라서 home [houm], cold [kould], post [poust] 등은 [houm](호움), [kould](코울ㄷ), [poust](포우ㅅㅌ)처럼 1음절로 발음하고, photo [ˈfoutou]는 [ˈfoutou](포우토우)처럼 2음절로 2번 발음합니다.

2. 익숙 단계

① 한국어 '오'와 영어의 [uː]가 끊기지 않게 이어서 1음절로 발음하되 뒤의 [uː]를 더 강하게 [오우]처럼 2번 발음합니다. 따라서 home [houm]은 [houːm]으로, cold [kould]는 [kouːld]로, post [poust]는 [pouːst]로 1음절로, photo [ˈfoutou]는 [fouːtouː]로 2음절로 2번 발음합니다.

② [ou] [오우]처럼 끊김없이 이어서 1음절로 제대로 2번 발음을 연습합니다.
따라서 home [houm], cold [kould], post [poust] 등은 [houm](호움) , [kould](코울ㄷ), [poust](포우ㅅㅌ) 처럼 1음절로 발음하고, photo ['foutou]는 ['foutou](포우토우)처럼 2음절로 2번 발음합니다.

3. 숙달단계

[오우]처럼 끊김없이 이어서 1음절로 발음을 연습하되 모든 단어를 3번씩 연습합니다.
따라서 home [houm], cold [kould], post [poust] 등은 [houm](호움), [kould](코울ㄷ), [poust](포우ㅅㅌ)처럼 1음절로 발음하고, photo ['foutou]는 ['foutou](포우토우)처럼 2음절로 3번 발음을 연습합니다.

주의사항

한국어에는 [ou]와 같은 이중 모음이 없고 토종 한국인은 [오]와 [우]라는 정반대의 발음을 1음절로 끊기지 않고 소리 낼 수 있는 발음 근육도 가지고 있지 않기 때문에 이 발음이 습관이 된 것 같아도 조금만 신경을 쓰지 않으면 곧 사라져 버립니다.

따라서 이 교재의 문장 읽기 연습을 할 때나 나중에 스피킹이나 리스닝을 위하여 본격적으로 영어 문장을 소리 내어 읽을 때에도 초기에는 이 발음을 발음할 때마다 신경을 쓰며 제대로 해서 약하게 생긴 이 발음 근육이 사라지지 않고 완전히 습관이 되도록 하여야 합니다.

단어 발음 연습 (음원 03_09_01)

[ou]

단어	발음기호	뜻
oh	[ou]	(감탄사)오우
go	[gou]	가다
no	[nou]	아니, 안돼
so	[sou]	그래서
hole	[houl]	구멍
home	[houm]	가정
hope	[houp]	바라다
old	[ould]	늙은
cold	[kould]	추운, 감기
gold	[gould]	금
hold	[hould]	잡다
post	[poust]	기둥
most	[moust]	가장 많은
ago	[əˈgou]	~전에
alone	[əˈloun]	홀로
focus	[ˈfoukəs]	초점
hotel	[houˈtel]	호텔
local	[ˈloukəl]	장소의
only	[ˈounli]	오직
open	[ˈoupn]	열다
over	[ˈouvər]	~위에
piano	[piˈænou]	피아노
hello	[helo]	여보세요
photo	[ˈfoutou]	사진

문장 읽기 연습 (음원 03_09_03)

1) Open the window.
   ˈoupn ðə ˈwindou

2) I know the snow is cold.
   ai nou ðə snou iz kould

3) Oh no! I have to go home.
   ou nou ai hæv tu: gou houm

4) The old man told me to go home.
   ði ould mæn tould mi: tu: gou houm

5) I stayed at the local hotel.
   ai steid æt ðə ˈloukəl houˈtel

6) I know the old joke about the boat.
   ai nou ði ould dʒouk əˈbaut ðə bout

7) I hope both of you go home early.
   ai houp bouθ əv ju: gou houm ˈə:rli

1) 창문을 여세요.
2) 눈이 차갑다는 것을 압니다.
3) 아 안돼요! 나는 집에 가야 합니다.
4) 그 노인은 나에게 집에 가라고 했습니다.
5) 나는 지역 호텔에 머물렀다.
6) 나는 배에 얽힌 오래된 농담을 안다.
7) 당신들 둘 다 집에 일찍 가기 바랍니다.

10 [r]

[r] 소리는 한국어에 없는 소리이며 한국인들이 가장 어려워하는 소리 중 하나입니다. 그러나 준비 체조를 조금만 정성을 가지고 하면 그리 어렵지 않게 배울 수 있는 소리입니다.

준비 체조

① 먼저 앞에서 배운 [uː] 소리와 같이 휘파람을 불 때처럼 입술을 둥글게 모아서 앞으로 내밉니다. 반드시 거울로 입 모양을 확인합니다. 그리고 혀끝을 입천장으로 향하게 하되 입천장에 닿으면 안 됩니다. 이때 혀는 입안 어디에도 닿으면 안 됩니다.

② 입술을 둥글게 모아서 앞으로 내밀고 혀끝을 입천장으로 향하게 하고 혀가 입안 어디에도 닿지 않게 한 상태에서 right [rait]((r)라이트) 발음을 해봅니다. 이때 발음을 최대한 빠르게 합니다. 이런 방식으로 10번만 연습합니다.

③ 그다음에는 입술을 둥글게 모아서 앞으로 내밀고 혀끝을 입천장으로 향하게 하고 혀가 입안 어디에도 닿지 않게 한 상태에서 rice [rais]((r)라이스)와 red [red] 발음을 최대한 빠르게 각각 10번씩만 연습합니다. 반드시 입 모양을 거울로 확인하면서 해야 합니다.

④ 그래도 발음이 어색한 분들은 다시 같은 요령으로 right [rait], rice [rais], red [red]를 더 반복합니다. 반복하다가 어느 정도 자연스러워지면 단어 발음 연습에 들어갑니다.

발음 요령

① 앞에서 배운 [uː]와 같이 휘파람을 불 때처럼 입술을 둥글게 모아서 앞으로 내밉니다. 반드시 거울로 입 모양을 확인합니다.

② 혀끝을 입천장으로 향하게 하되 입천장에 닿으면 안 됩니다. 이때 혀는 입안 어디

에도 닿으면 안 됩니다.

③ 둥글게 모은 입술과 입천장을 향하여 구부러진 혀를 빠르게 펴면서 다음에 이어지는 모음과 함께 빠르게 발음합니다.

주의사항

① 입 모양을 반드시 배운대로 해야 하고 혀는 입안 어디에도 닿으면 안 됩니다. 혀가 입천장이나 입안의 다른 곳에 닿으면 [l] 발음과 구별이 되지 않습니다.

② dry [drai], try [trai], drive [draiv], tree[triː], cry [krai]처럼 [r] 앞에 자음이 오는 경우 모음인 'ㅡ'가 들어가지 않도록 주의하여 음절에 맞게 발음하여야 합니다.

③ far [faːr], car [kaːr]처럼 [r] 발음이 맨 마지막에 오는 경우에는 한국어로 표시하자면 '파알', '카알'처럼 발음하되 위에서 배운 것처럼 혀끝을 입천장으로 향하게 하고 혀가 입안 어디에도 닿지 않게 [알] 하고 발음을 해주면 됩니다. 이에 대한 자세한 내용은 뒤에 나오는 혼성 모음에서 배웁니다.

단어 발음 연습 (음원 03_10_01)

[r]

단어	발음기호	뜻
right	[rait]	올바른, 권리
rice	[rais]	쌀
rise	[raiz]	오르다
ride	[raid]	타다
rock	[ra:k]	바위
red	[red]	빨간색
rest	[rest]	휴식
rich	[ritʃ]	부자의
rid	[rid]	없애다
run	[rʌn]	달리다
rush	[rʌʃ]	서두르다
rub	[rʌb]	문지르다
read	[ri:d]	읽다
reach	[ri:tʃ]	도달하다
real	[ri:əl]	진짜의
really	[ˈri:əli]	진짜로
room	[ru:m]	방
rude	[ru:d]	무례한
rule	[ru:l]	규칙
wrote	[rout]	write의 과거
role	[roul]	역할, 임무
rope	[roup]	로프, 줄
dry	[drai]	말리다
drive	[draiv]	운전하다
drop	[dra:p]	떨어뜨리다
dress	[dres]	드레스, 옷

단어	발음기호	뜻
dream	[dri:m]	꿈
drum	[drʌm]	북, 드럼
try	[trai]	노력하다
tree	[tri:]	나무
trip	[trip]	여행
train	[trein]	기차
trouble	[ˈtrʌbl]	문제
truck	[trʌk]	트럭

문장 읽기 연습 (음원 03_10_03)

1) The room is right over there.
   ðə ru:m iz rait ˈouvər ðeər

2) The rich man is reading the book.
   ðə ritʃ mæn iz ˈri:diŋ ðə buk

3) Don't rub the rock.
   dount rʌb ðə ra:k

4) Do you know the difference between run and rush?
   du: ju: nou ðə ˈdifərəns biˈtwi:n rʌn ænd rʌʃ

5) All right, I'll raise my hands.
   ɔ:l rait, ail reiz mai hændz

6) Drive this truck.
   draiv ðis trʌk

7) Bring me the right rope.
   briŋ mi: ðə rait roup

8) I realized that they are records of her family.
   ai ˈriːəlaizd ðæt ðei aːr ˈrekərdz əv hər ˈfæməli

1) 그 방은 바로 저쪽에 있습니다.
2) 그 부자는 그 책을 읽고 있다.
3) 그 바위를 문지르지 마세요.
4) run과 rush의 차이를 아세요?
5) 좋아 손을 들겠다.
6) 이 트럭을 운전하세요.
7) 제대로 된 밧줄을 가져오세요.
8) 나는 그것들은 그녀 가족에 관한 기록인 것을 깨달았다.

11 [e], [æ]

[e]는 한국어 '에'와 거의 비슷한 소리이고 [æ]는 한국어 '애'보다 약간 더 입을 벌리고 내는 소리입니다.

우리들의 조상님들은 아마도 이 [e]와 [æ] 발음을 금방 배웠을 것입니다. 그런데 현대의 한국 사람들은 입을 작게 벌리고 발음하는 것이 습관이 돼서 한국어에도 '에'와 '애'의 구분이 거의 없어져 버렸습니다.

그러나 다른 나라에서 이민을 온 사람들이 아니라면 과거에 '에'와 '애'를 분명하게 구분해서 발음하던 조상들의 유전자가 우리에게 있으니까 그리 어렵지 않게 배울 수 있는 발음입니다.

준비 체조

[e]

[e] 발음은 한국어 '에'와 거의 비슷한 소리이므로 여기서 설명한 대로 몇 차례 연습하면 금방 배울 수 있는 발음입니다.

① 먼저 등을 의자에서 떼고 허리를 꼿꼿하게 세운 다음에 아랫배가 단단해지도록 아랫배에 힘을 준 상태에서 마치 태권도를 배울 때 기합을 주는 것처럼 아랫배에 힘을 주고 '엣' 하고 짧고 강하게 5번만 소리 내 봅니다.

이때 아랫배에 힘을 주고 손가락 하나로 아랫배를 꾹 누르고 '엣' 하고 짧고 강하게 발음하면 소리를 낼 때마다 아랫배가 손가락을 튕겨내는 것을 느낄 수 있을 것입니다.

혹시 아랫배에 살이 많은 분은 아랫배에 힘을 주고 손가락 끝에 단단함이 느껴질 때까지 배를 꾸욱 더 누르고 하면 됩니다.

아랫배가 손가락을 튕겨내는 것이 잘 느껴지지 않는 사람은 손가락 끝에 단단함이 느껴질 때까지 배를 꾸욱 더 누르고 아랫배에 힘을 더 준 상태에서 아랫배가 손가락을 튕겨내는 것이 느껴질 때까지 '엣' 하고 짧고 강하게 소리를 몇 차례 더 내봅니다.

② 이번에는 아랫배에 힘을 주고 손가락 하나로 아랫배를 꾹 누르고 짧고 강하게 한국어 '에'를 발음해봅니다. 소리를 낼 때마다 아랫배가 손가락을 튕겨내는 것을 느낄 수 있을 때까지 아랫배에 힘을 주고 짧고 강하게 5번 정도 반복합니다. 바로 그 소리가 영어의 [e] 소리입니다.

③ 그런 다음 이번에는 아랫배에 힘을 주고 손가락 하나로 아랫배를 꾹 누르고 짧고 강하게 bet [bet]를 발음해봅니다. 소리를 낼 때마다 아랫배가 손가락을 튕겨내는 것을 느낄 수 있을 때까지 아랫배에 힘을 주고 짧고 강하게 5번 정도 반복합니다.

④ 이번에도 위와 같은 요령으로 pet [pet]를 발음해봅니다. 소리를 낼 때마다 아랫배가 손가락을 튕겨내는 것을 느낄 수 있을 때까지 아랫배에 힘을 주고 짧고 강하게 5번 정도 반복합니다. 여러분들이 냈던 그 소리가 영어의 [e] 소리입니다.

[æ]

[æ] 발음은 한국어 '애'보다 약간 더 입을 벌리고 내는 소리인데 현대의 한국인은 평상시에 '애' 소리를 '에'와 거의 비슷하게 발음하고 있기 때문에 연습을 좀 더 많이 해야 하는 소리입니다.

① 먼저 새끼손가락을 입안에 넣어 봅니다. 이때 입은 새끼손가락이 겨우 들어갈 정도만 벌립니다. 실제로 새끼손가락을 입에 집어넣으며 그 새끼손가락이 이빨에 닿지 않고 겨우 들어갈 정도로만 입을 벌리는 동작을 3번만 해봅니다.

② 이번에는 실제로 새끼손가락을 입에 집어넣으며 그 새끼손가락이 이빨에 닿지 않고 겨우 들어갈 정도로만 입을 벌리면서 '애'를 두 개 이어서 소리 낸다고 생각하고 '애애'하고 발음해 봅니다. 이 동작을 취하면서 5번만 소리 내 봅니다.

'애', '애' 하고 끊어지지 않고 '에'보다 조금 더 길고 깊은 '애~' 소리가 자연스럽게 나온다면 바로 그 소리가 영어의 [æ] 소리입니다.

이 [æ] 소리를 연습할 때 주의할 점이 두 가지가 있습니다. 입을 많이 벌릴수록 좀 더 원어민에 가까운 소리가 나오는 것은 맞습니다. 그러나 입을 너무 많이 벌리고 연습하면 입을 많이 벌리는 그 [æ] 소리가 습관이 되고 발음 근육이 생겨나는데 너무 많은 시간이 걸리게 됩니다.

굳이 그렇게 해서라도 원어민과 같은 발음을 가지고 싶은 분들은 새끼손가락 대신에 엄지손가락을 옆으로 세워서 연습하면 됩니다. 그러나 20대만 되어도 아마 이 발음 하나가 습관이 되게 하는데 아무리 적어도 30시간 이상을 투자해야 할 것이고 30대가 넘으면 시간이 얼마나 걸릴지 예측하기도 어렵습니다.

따라서 시간이 아주 많고 인내력이 강한 사람을 제외하고는 새끼손가락 하나가 이빨에 닿지 않고 겨우 들어갈 정도만 입을 벌리고 연습하는 것을 강력히 추천합니다. 그 정도만 입을 벌려도 원어민의 [æ] 소리와 매우 비슷해서 원어민이 100% 알아듣습니다.

물론 입을 크게 벌리고 연습을 해도 단어만 발음할 때는 금방 됩니다. 문제는 실제로 스피킹을 하거나 소리 내 읽을 때도 같은 소리가 나오게 하는데 많은 시간이 걸린다는 점입니다. 별로 신경을 쓰지 않아도 습관이 돼서 스피킹을 할 때도 같은 소리가 나오려면 발음 근육이 새로 형성되어야 하는데 그렇게 되는데 많은 시간이 걸리기 때문입니다.

그리고 입을 크게 벌리지 않고 이 발음을 익혀도 소리 내 읽기나 스피킹 연습을 많이 하다 보면 내공이 생겨서 원어민과 같은 소리가 점차 생겨납니다. 실제로 미드나 영화에서 남자배우들이 발음하는 것을 유심히 지켜보면 적지 않는 미국의 남자배우들이 입을 별로 크게 벌리지 않고도 이 발음을 하는 것을 자주 볼 수 있습니다.

이 [æ] 소리를 연습할 때 주의할 점 또 한 가지는 거울을 보면서 새끼손가락을 실제로 입에 집어넣으면서 입을 벌리는 정도를 어느 정도 비슷하게 연습해야 이 발음이 빨리 습관이 된다는 것을 기억하시기 바랍니다.

기분이 좋고 의욕이 넘칠 때는 입을 크게 벌리고 연습하고 컨디션이 나쁠 때는 훨씬 더 작게 입을 벌리고 연습을 하거나 귀찮다고 새끼손가락을 실제로 입에 넣지 않고 연습을 하면 연습할 때마다 입을 벌리는 정도의 차이가 커서 오래 연습을 해도 이 [æ]

소리가 습관이 되지 않습니다.

③ 위의 연습이 모두 끝났으면 이번에도 거울을 보면서 앞에서 연습한 것과 비슷하게 새끼손가락이 겨우 들어갈 정도로만 입을 벌리면서 bad [bæd]('배애ㄷ')를 10번만 발음해 봅니다. '배애'를 발음할 때 새끼손가락을 집어넣었다 뺀 후 'ㄷ' 발음을 하면 됩니다.

④ 위와 같은 요령으로 이번에는 dad [dæd]('대애ㄷ')를 10번만 발음해 봅니다. '대애'를 발음할 때 새끼손가락을 집어넣었다 뺀 후 'ㄷ' 발음을 하면 됩니다.

발음 요령

[e]

① 의자에서 등을 떼고 허리를 꼿꼿하게 세웁니다.

② 아랫배에 힘을 주고 손가락 하나로 아랫배를 꾹 누릅니다.

③ 아랫배가 손가락을 튕겨내는 것을 느낄 수 있을 정도로 짧고 강하게 '에' 소리를 냅니다. 이때 '에-' 하고 소리의 끝이 길어지지 않도록 주의합니다.

④ 이때 [e] 앞에 자음 소리가 있으면 그 소리와 [e] 소리를 한꺼번에 짧게 냅니다. [e] 뒤에 자음이 있으면 같이 짧게 소리를 내고 마지막 자음에 'ㅡ'를 집어넣지 않고 정확한 음절로 발음을 끝냅니다.

[æ]

① 실제로 새끼손가락을 입에 집어넣으며 새끼손가락이 이빨에 닿지 않고 겨우 들어갈 정도로만 입을 벌립니다.

② '애'를 두 개 이어서 소리 낸다고 생각하고 소리가 끊기지 않게 '애애'하고 발음합니다.

③ 이때 [æ] 앞에 자음이 있으면 자음 소리를 낸 후에 새끼손가락을 입에 집어넣으며 그 자음 소리와 끊기지 않도록 바로 이어서 '애애'소리를 냅니다. [æ] 뒤에 자음이 있으면 손가락을 빼고 마지막 자음에 'ㅡ'를 집어넣지 않고 정확한 음절로 발음을 끝냅니다.

주의사항

① [e] 소리의 경우 짧고 강하게 발음해서 '에-' 하고 소리의 끝이 길어지지 않도록 주의합니다.

② [æ] 소리의 경우 입을 너무 많이 벌리지 말고 새끼손가락이 이빨에 닿지 않고 겨우 들어갈 정도로만 입을 벌립니다.

③ [æ] 소리의 경우 발음할 때마다 거울을 보며 실제로 손가락을 집어넣으며 연습을 할 때마다 비슷한 정도로 입을 벌리며 연습합니다.

④ [æ] 소리의 경우 '애''애' 하고 끊어지지 않도록 '애'를 두 개 이어서 소리 낸다는 생각으로 '애애' 하고 하나의 소리처럼 이어서 발음합니다.

단어 발음 연습 (음원 03_11_01~02)

[e]

단어	발음기호	뜻
end	[end]	끝
bed	[bed]	침대
beg	[beg]	구걸하다
bend	[bend]	구부리다
bet	[bet]	(내기 등을)걸다, 베팅하다
Beth	[beθ]	베쓰(사람 이름)
dead	[ded]	죽은
dense	[dens]	짙은
guess	[ges]	추측하다
head	[hed]	(신체)머리
men	[men]	남자들
pet	[pet]	애완동물
said	[sed]	say(말하다)의 과거
send	[send]	보내다
set	[set]	두다, 배치하다

[æ]

단어	발음기호	뜻
as	[æz]	~만큼, ~처럼
am	[æm]	~이다.
ask	[æsk]	묻다
bad	[bæd]	나쁜
dad	[dæd]	아빠
had	[hæd]	have의 과거
sad	[sæd]	슬픈
back	[bæk]	뒤
bag	[bæg]	가방
man	[mæn]	남자
and	[ænd]	그리고
band	[bænd]	밴드, 악단
sand	[sænd]	(토양)모래
bat	[bæt]	박쥐
cat	[kæt]	고양이
pat	[pæt]	토닥거리다
sat	[sæt]	sit의 과거
bath	[bæθ]	목욕
cash	[kæʃ]	현금
dance	[dæns]	춤추다
act	[ækt]	행동하다
fact	[fækt]	사실
gas	[gæs]	가스, 기체

[e], [æ] 구분 발음 단어 연습 (🎧 음원 03_11_02_1)

이 부분은 첫 번째와 두 번째 연습 때는 통과합니다. 비슷한 발음인 [e]와 [æ]를 구분해서 연습하기 위한 코너입니다. 아직 발음 기본 연습이 부족한 첫 번째와 두 번째 연습 때는 오히려 헷갈릴 것이니 세 번째 이후 연습 때부터 연습합니다. 세 번째부터 [e]와 [æ]를 교대로 정확히 구분히여 발음하는 연습을 하도록 합니다.

단어	발음기호	뜻	단어	발음기호	뜻
bed	[bed]	침대	bad	[bæd]	나쁜
beg	[beg]	구걸하다	bag	[bæg]	가방
bend	[bend]	구부리다	band	[bænd]	밴드, 악단
bet	[bet]	(내기 등을) 걸다, 베팅하다	bat	[bæt]	박쥐
Beth	[beθ]	베쓰 (사람 이름)	bath	[bæθ]	목욕
dead	[ded]	죽은	dad	[dæd]	아빠
dense	[dens]	짙은	dance	[dæns]	춤추다
end	[end]	끝	and	[ænd]	그리고
guess	[ges]	추측하다	gas	[gæs]	가스, 기체
head	[hed]	(신체)머리	had	[hæd]	have의 과거
men	[men]	남자들	man	[mæn]	남자
pet	[pet]	애완동물	pat	[pæt]	토닥거리다
said	[sed]	say(말하다)의 과거	sad	[sæd]	슬픈
send	[send]	보내다	sand	[sænd]	(토양)모래
set	[set]	두다, 배치하다	sat	[sæt]	sit의 과거

문장 읽기 연습 (🎧 음원 03_11_03)

1) The men said, "Tell them it ended."
 ðə men sed, tel ðem it ˈendid

2) The men sent them new bedroom sets.
 ðə men sent ðem njuː ˈbedruːm sets

3) Beth let the men set her red pens on the desk.
 beθ let ðə men set hɚː red penz ɔːn ðə desk

4) I am a man.
 ai æm ə mæn

5) The man is sad.
 ðə mæn iz sæd

6) Batman is not a bad man.
 ˈbætmæn iz naːt ə bæd mæn

7) The man acts like a bad man.
 ðə mæn ækts laik ə bæd mæn

8) The man has a cap and I have a hat.
 ðə mæn hæz ə kæp ænd ai hæv ə hæt

9) The man was sad and the dad of the man was sad too.
 ðə mæn wəz sæd ænd ðə dæd əv ðə mæn wəz sæd tuː

10) The sad man said to the men, "The bed is bad. Bend the bed."
 ðə sæd mæn sed tuː ðə men, ðə bed iz bæd bend ðə bed

11) My dad asked the men to send him a bag.
   mai dæd æskt ðə men tu: send him ə bæg

12) That bad man said to the men, "Send them some sand."
   ðæt bæd mæn sed tu: ðə men   send ðem sʌm sænd

13) The man said to the men,
   ðə mæn sed tu: ðə men
   "I am sad because my dad is dead."
   ai æm sæd bi'kɔ:z mai dæd iz ded

1) 그 남자들은 말했다. "끝났다고 그들에게 말해라."
2) 그 남자들은 그들에게 새 침실세트를 보냈다.
3) 베쓰는 그 남자들이 그녀의 붉은 펜들을 책상 위에 놓게 하였다.
4) 나는 남자다.
5) 그 남자는 슬퍼한다.
6) 배트맨은 나쁜 사람이 아니다.
7) 그 남자는 나쁜 사람처럼 행동한다.
8) 그 남자는 야구모자를 가지고 있고 나는 등산용 모자를 가지고 있다.
* cap : 모자(야구모자처럼 보통 챙이 앞부분에만 달린 모자를 말함)
* hat : 모자(밀짚모자나 등산 모자처럼 보통 챙이 둥글게 달린 모자를 말함)
9) 그 남자는 슬펐다. 그리고 그 남자의 아빠도 슬펐다.
10) 그 슬픈 남자는 그 남자들에게 말했다. "그 침대가 좋지 않습니다. 그 침대를 구부리세요."
11) 나의 아빠는 그 남자들에게 가방을 그에게 보내라고 부탁했다.
12) 저 나쁜 남자는 그 남자들에게 말했다. "그들에게 모래를 좀 보내세요."
13) 그 남자는 그 남자들에게 말했다. "나의 아빠가 죽어서 나는 슬픕니다."

12 [i], [i:]

[i]는 한국어 '이'와 거의 같은 소리이고 [i:]는 한국어 '이'보다 더 길게 들려오는 소리입니다.

[i] 소리는 한국어 '이'와 상당히 비슷한 소리로 한국어 '이'로 발음해도 원어민이 100% 알아듣습니다. 따라서 시간이 많고 한가한 사람이 아니면 그냥 한국어 [이]로 발음하고 별도의 발음 연습은 생략하는 것이 좋습니다.

따라서 뒤에 나오는 심화 학습 [i]는 시간이 많거나 다른 발음에 완전히 숙달된 후에 시간 여유가 많이 있어서 원어민에 가까운 발음 연습을 더 하고 싶은 분들만 연습하시기 바랍니다.

[i:] 소리는 입술을 양옆으로 크게 벌리며 내는 소리입니다. 이 [i:] 소리도 준비 체조를 충분히 하고 나면 어렵지 않게 배울 수 있는 소리입니다.

준비 체조

① 먼저 위쪽의 양 어금니가 다 보일 정도로 입술을 양옆으로 벌립니다. 입술 형태나 구강 구조상 치아가 보이지 않는 사람은 그런 형태의 입 모양을 하면 됩니다. 그리고 혀끝은 아랫니의 윗부분에 가볍게 댑니다.

② 위쪽의 양 어금니가 다 보일 정도로 입술을 양옆으로 벌리고 혀끝은 아랫니의 윗부분에 가볍게 댄 상태에서 '이'를 두 개 이어서 소리 낸다고 생각하고 소리가 끊기지 않게 '이이' 하고 발음해 봅니다. 이 동작을 취하면서 5번만 소리 내어 봅니다.

'이''이' 하고 끊어지지 않고 '이'보다 더 긴 '이-' 소리가 자연스럽게 나온다면 바로 그 소리가 영어의 [i:] 소리입니다.

이 [i:] 소리를 연습할 때 주의할 점은 거울을 보면서 양옆으로 입을 벌리는 정도를 어느 정도 비슷하게 하고 연습해야 이 발음이 빨리 습관이 된다는 것을 기억하시기 바랍니다.

어떤 때는 입을 양옆으로 크게 벌리며 연습하고 어떤 때는 훨씬 더 작게 입을 벌리고 연습을 하면 연습할 때마다 입을 벌리는 정도의 차이가 크게 나서 연습을 많이 해도 이 [iː] 소리가 습관이 되지 않습니다.

③ 이번에도 거울을 보면서 위쪽의 양 어금니가 다 보일 정도로 입술을 양옆으로 벌리고 혀끝은 아랫니의 윗부분에 가볍게 댄 상태에서 eat [iːt](이이ㅌ)를 5번만 발음해 봅니다. 위쪽의 양 어금니가 다 보일 정도로 입술을 양옆으로 벌리고 혀끝은 아랫니의 윗부분에 가볍게 댄 상태에서 끊기지 않게 '이이'를 발음한 후에 바로 이어서 'ㅌ'를 발음하면 됩니다.

④ 위와 같은 요령으로 sea [siː](씨이)를 5번만 발음해 봅니다.

⑤ 위와 같은 요령으로 이번에는 seat [siːt](씨이ㅌ)를 5번만 발음해 봅니다. '씨이'를 발음한 후에 바로 이어서 'ㅌ'를 발음하면 됩니다.

[iː] 발음 요령

① 위쪽의 양 어금니가 다 보일 정도로 입술을 양옆으로 벌립니다. 입술 형태나 구강 구조상 치아가 보이지 않는 사람은 그런 형태의 입 모양을 하면 됩니다.

② 혀끝은 아랫니의 윗부분에 가볍게 댑니다.

③ '이'를 두 개 이어서 소리 낸다고 생각하고 소리가 끊기지 않게 '이이' 하고 자연스럽게 발음합니다.

주의사항

[iː] 앞에 자음이 있으면 미리 입술을 양옆으로 벌린 상태에서 앞의 자음 소리와 [iː]('이이') 소리를 같이 냅니다. [iː] 뒤에 자음이 있으면 [iː] 소리에 바로 이어서 자음 소리를 내고 그 자음에 'ㅡ'를 집어넣지 않고 정확한 음절로 발음을 끝냅니다.

예를 들면 seat [si:t](씨이ㅌ)를 발음하는 경우 '씨', '이'처럼 끊기지 않도록 쭉 이어서 '씨이'를 발음한 후에 바로 'ㅌ'를 발음하고 [t] 다음에 'ㅡ'를 집어넣지 말고 '씨이ㅌ'처럼 1음절로 정확히 발음을 끝마칩니다.

eat [i:t](이이ㅌ), seat [si:t](씨이ㅌ), heat [hi:t](히이ㅌ), deep [di:p](디이ㅍ), sheep [ʃi:p](쉬이ㅍ)처럼 무성음인 자음 't', 'p'로 끝나는 경우 손끝을 성대에 대고 [t]와 [p]를 발음할 때 모음인 'ㅡ'가 들어가지 않는지 확인하여 정확히 1음절로 발음하시기 바랍니다. (무성음은 성대가 떨리지 않기 때문에 모음인 'ㅡ'가 들어가지 않으면 [t]와 [p]를 발음할 때 성대가 떨리지 않습니다.)

단어 발음 연습 (음원 03_12_01)

[i:]

단어	발음기호	뜻
eat	[i:t]	먹다
sea	[si:]	바다
seat	[si:t]	좌석
tea	[ti:]	(먹는)차
deed	[di:d]	행동, 행위
deep	[di:p]	깊은
feel	[fi:l]	느끼다
leave	[li:v]	떠나다
lead	[li:d]	인도하다
heat	[hi:t]	더위, 열기
heel	[hi:l]	발뒤꿈치
read	[ri:d]	(책을)읽다
sheep	[ʃi:p]	(동물)양

[i], [i:] 구분 발음 단어 연습 (음원 03_12_02)

이 부분은 첫 번째와 두 번째 연습 때는 통과합니다. 비슷한 발음인 [i]와 [i:]를 구분해서 연습하기 위한 코너입니다. 아직 발음 기본 연습이 부족한 첫 번째와 두 번째 연습 때는 오히려 헷갈릴 것이니 세 번째 이후 연습 때부터 연습합니다. 세 번째부터는 [i]와 [i:]를 구분하여 발음하는 연습을 하도록 합니다.

단어	발음기호	뜻
it	[it]	그것
sit	[sit]	앉다
hit	[hit]	치다, 때리다.
did	[did]	do의 과거
lid	[lid]	뚜껑
live	[liv]	살다
fill	[fil]	채우다
hill	[hil]	언덕
rid	[rid]	제거하다
ship	[ʃip]	배

단어	발음기호	뜻
eat	[i:t]	먹다
seat	[si:t]	좌석
heat	[hi:t]	더위, 열기
deed	[di:d]	행동, 행위
lead	[li:d]	인도하다
leave	[li:v]	떠나다
feel	[fi:l]	느끼다
heel	[hi:l]	발뒤꿈치
read	[ri:d]	(책을)읽다
sheep	[ʃi:p]	(동물)양

참고사항

원어민의 소리를 들어보면

1. 앞이나 뒤에 오는 소리의 종류에 따라서 [i] 소리를 [e] 또는 [ə]나 [iə]에 가깝게 발음하는 경우도 많이 있습니다.

2. 또 앞이나 뒤에 오는 소리의 종류에 따라서 [iː] 소리를 [iə]에 가깝게 발음하는 경우도 많이 있습니다.

그러나 한국인은 아주 오랜 기간 영어 발음 연습을 하지 않으면 영어 발음이 원어민과 똑같지는 않기 때문에 배운 대로 [i] 소리는 한국어 '이'로, [iː] 소리는 '이이'로 발음하는 것이 좋습니다.

아직 발음의 기초가 튼튼하지 않은 상태에서 원어민을 흉내 낸다고 해도 원어민이 들으면 어색한 소리로 들립니다. 따라서 그럴 때는 원칙대로 발음하는 것이 좋습니다.

발음 훈련을 다 마치고 소리 내어 읽기나 스피킹을 오랜 기간 충분히 한 후에 영어 발음을 아주 부드럽고 정확한 영어 발음으로 빠르게 말할 수 있기 전까지는 어설프게 원어민을 흉내 내는 것보다 원리원칙대로 발음하는 것이 원어민이 더 잘 알아듣고 원어민이 듣기에도 좋은 발음입니다.

문장 읽기 연습(음원 03_12_03)

1) I did it.
   ai did it

2) I sit on the hill.
   ai sit ɔ:n ðə hil

3) I leave the seat.
   ai li:v ðə si:t

4) I can see the heels of my feet.
   ai kæn si: ðə hi:lz əv mai fi:t

5) I can feel the heat of the seat.
   ai kæn fi:l ðə hi:t əv ðə si:t

6) Take it easy!
   teik it ˈi:zi

7) Read it and eat it.
   ri:d it ænd i:t it

1) 내가 그것을 했다.
2) 나는 언덕위에 앉아있다.
3) 나는 그 좌석을 떠난다.
4) 나는 내 발꿈치들을 볼 수 있다.
5) 나는 그 좌석의 열기를 느낄 수 있다.
6) 진정해!
7) 그것을 읽고 그것을 먹어라.

13 [ə], [ʌ]

[ə]와 [ʌ] 소리는 잠깐만 연습하면 익힐 수 있는 아주 쉬운 발음입니다.

[ə] 소리는 한국어 '어'와 별로 차이나지 않는 발음으로 한국어 '어'로 발음해도 원어민이 100% 이해합니다. 따라서 따로 연습할 필요가 없는 발음입니다.

[ʌ] 소리도 한국인 대부분이 이미 알고 있는 소리이고 한국인 대부분이 소리 내고 있는 대로 발음해도 원어민들이 100% 이해하는 소리입니다. 그러므로 이 발음의 단어는 1번씩만 간단히 연습하면 됩니다. 따라서 아래에 있는 단어나 문장은 1번씩만 연습하고 가볍게 넘어가기 바랍니다.

그리고 두 번째나 세 번째 반복 연습 때는 생략해도 됩니다.

정확히 알고 싶은 독자들을 위해서 [ʌ] 소리에 대해서만 설명하도록 합니다. [ʌ] 소리는 [ə]에 악센트가 들어가는 소리 즉 [ə́] 소리와 같은 소리입니다. 따라서 한국어 '어' 소리를 짧고 강하게 발음하면 됩니다. 짧고 강한 소리이고 모음이기 때문에 어떤 단어에 [ʌ] 발음이 들어가면 악센트도 대부분 그 [ʌ] 발음에 위치합니다.

[ʌ] 발음 요령

한국어 '어'를 짧고 강하게 발음합니다.
앞에서 배운 [e] 소리처럼 아랫배에 힘을 주고 짧고 강하게 발음하면 원어민의 소리에 더 가깝습니다.

주의사항

원어민의 소리를 들어보면
1. [ə] 소리가 끝에 오는 경우 한국어 '아' 소리와 비슷하게 발음하는 경우가 많이 있습니다.

2. 또 앞이나 뒤에 오는 소리의 종류에 따라서 [ə] 소리를 [e] 또는 [i]에 가깝게 발음하는 경우도 많이 있습니다.

3. 그리고 원어민들은 [ʌ] 소리도 한국어 '아'와 비슷하게 발음하는 경우도 많습니다.

그러나 한국인은 아주 오랜 기간 영어 발음 연습을 하지 않으면 영어 발음이 원어민과 똑같지는 않기 때문에 원칙대로 [ə] 소리는 한국어 '어'로 [ʌ] 소리는 한국어 '어' 소리를 강하게 내는 소리로 통일하여 발음하는 것이 좋습니다.

속된 말로 '기초 없이 날라먹는다'는 말이 있는데 아직 원어민과 발음이 조금 차이 나는 경우에는 발음의 기초가 튼튼하지 않은 것이니 원어민을 흉내 낸다고 해도 원어민이 들으면 어색한 소리로 들립니다. 따라서 그럴 때는 원칙대로 발음하는 것이 좋습니다.

발음 훈련을 다 마치고 소리 내어 읽기나 스피킹을 오랜 기간 충분히 한 후에 영어 발음을 아주 부드럽고 정확한 영어 발음으로 빠르게 말할 수 있기 전까지는 어설프게 원어민을 흉내 내는 것보다 원리원칙대로 발음하는 것이 원어민이 더 잘 알아듣고 원어민이 듣기에도 좋은 발음입니다.

단어 발음 연습 (🎧 음원 03_13_01~02)

[ə]

단어	발음기호	뜻
ago	[əˈgou]	~전에
about	[əˈbaut]	~대하여

[ʌ]

단어	발음기호	뜻
up	[ʌp]	~위로
cup	[kʌp]	컵
but	[bʌt]	그러나
cut	[kʌt]	자르다
bus	[bʌs]	버스
run	[rʌn]	달리다
sun	[sʌn]	태양
come	[kʌm]	오다
from	[frʌm]	~로 부터
front	[frʌnt]	앞쪽
custom	[ˈkʌstəm]	관습
among	[əˈmʌŋ]	~중에

문장 읽기 연습 (🎧 음원 03_13_03)

1) But I cut an apple.
   bʌt ai kʌt ən ˈæpl

2) But they haven't come home from school yet.
   bʌt ðei hævnt kʌm   houm frʌm skuːl   jet

3) An hour ago   I saw the cup in a bus.
   ən auər əˈgou ai sɔː ðə kʌp in ə bʌs

1) 그러나 나는 사과를 자릅니다.
2) 그러나 그들은 아직 학교에서 안 왔습니다.
3) 한 시간 전에 나는 그 컵을 어떤 버스 안에서 보았습니다.

※ 첫 번째 연습 때는 여기까지만 연습하시기 바랍니다.

이다음의 기타 발음과 이중 모음은 기본 발음 연습을 2번 이상 한 다음에 연습하면 순식간에 연습이 끝나는 발음들입니다. 기본 발음 연습을 충분히 하지 않고 이다음의 기타 발음과 이중 모음을 연습하면 힘도 많이 들고 빨리 익숙해지지도 않습니다.

03 기타 발음

앞 장의 기본 발음을 2번 이상 연습하셨다면
순식간에 끝나는 발음들입니다. 별로 중요하지 않은 발음들이니
후딱 끝내고 본게임으로 갑시다.

각 나라의 발음이 상당히 달라도 영국인과 호주인 그리고 미국인 사이는 전혀 어려움 없이 서로 의사소통을 합니다. 그리고 발음이 아주 많이 달라도 영어에 능통한 인도인, 러시아인들도 영어 원어민과 전혀 불편 없이 의사소통합니다.

마찬가지로 여기에서 소개하는 방법대로 간단히 기타 발음 훈련을 끝내도 원어민과 의사소통을 하는 데 전혀 문제가 없습니다. 쉽고 간단하게 기타 발음 훈련을 끝내도 영어를 많이 듣고 영어로 많이 말해보면 점점 원어민과 비슷한 발음이 생겨납니다. 서울 사람이 부산에서 한 십 년 살면 자기도 모르게 부산 억양과 사투리를 쓰게 되는 이치와 같습니다.

따라서 원어민이 듣고 잘 이해하는 발음들은 간단하게 익히고 실제로 영어 리스닝과 스피킹 연습을 하는 데 더 많은 시간을 투자하시기 바랍니다.

그래도 원어민식의 영어 발음을 꼭 배우고 싶은 분들을 위하여 맨 마지막 장에 심화 훈련 코너를 마련하였으니 이 장을 확실하게 마스터한 후에 맨 마지막 장의 심화 훈련 코너를 이용하여 원어민식의 발음을 익히시면 됩니다.

01 기타 발음 간단히 끝내기

빨리 영어 발음 훈련을 마치고 스피킹이나 리스닝 연습에 더 많은 시간을 투자하시려는 분들은 이 [3. 기타 발음] 부분은 맨 처음 연습 때 가볍게 1번만 연습하고 끝내시기 바랍니다. 지금까지 배우지 않은 영어 발음 중 한국 발음으로 발음해도 아무런 문제가 없는 발음은 아래와 같습니다.

발음	한국어 발음	발음	한국어 발음
[a:]	아	[g]	ㄱ
[ɔ:]	오	[k]	ㅋ
[j]	이	[h]	ㅎ
[w]	우	[m]	ㅁ
[tʃ]	취(짧게)	[n]	ㄴ
[dʒ]	쥐(짧게)	[ŋ]	응
[ʒ]	쥐-(길게)		

02 기타 발음 간단히 연습해 보기

한국어 발음으로 말해도 아무런 문제가 없는 발음들이라서 일부러 원어민의 음원을 생략하였으니 첫 번째 연습 때 간단히 1번만 연습하고 끝내기 바랍니다. 다만 뭔가 찜찜하시다면 두 번째 연습 때 1번 더 연습하면 충분하고도 남습니다.

그래도 굳이 원어민의 음원을 듣고 싶은 분은 맨 마지막 장의 심화 훈련 코너의 음원을 들으시기 바랍니다.

발음	단어	한글 발음	뜻
[a:]		아	
[ha:t]	hot	핱ㅌ	더운
[na:t]	not	낱ㅌ	~이 아니다
[la:t]	lot	랕ㅌ	많이
[ɔ:]		오	
[ɔ:n]	on	온	~위에
[ɔ:f]	off	오ㅍ(f)	~에서 떨어져
[ɔ:l]	all	올	모두

발음	단어	한글 발음	뜻
[j]		ㅣ	
[jes]	yes	예(ㅣ+ㅔ)ㅅ	예
[jet]	yet	예(ㅣ+ㅔ)ㅌ	아직
[juː]	you	유(ㅣ+ㅜ)	너,당신
[jʌŋ]	young	여(ㅣ+ㅓ)ㅇ=영	젊은
[jiər]	year	(ㅣ+이어ㄹ)=이이어ㄹ	해,년
[w]		ㅜ	
[win]	win	위(ㅜ+ㅣ)ㄴ=윈	이기다
[waːt]	what	와(ㅜ+ㅏ)ㅌ=왙ㅌ	무엇
[wen]	when	웨(ㅜ+ㅔ)ㄴ=웬	언제
[weər]	where	웨(ㅜ+ㅔ)어ㄹ(r)=웨어ㄹ	어디
[wai]	why	와(ㅜ+ㅏ)이=와이	왜
[waid]	wide	와(ㅜ+ㅏ)이ㄷ=와이드	넓은
[weik]	wake	웨(ㅜ+ㅔ)이ㅋ=웨이크	잠깨다
[tʃ]		취(짧게)	
[tʃeər]	chair	췌어ㄹ	의자
[tʃiːz]	cheese	취-ㅈ	치즈
[tʃɔis]	choice	초이ㅅ	선택
[mʌtʃ]	much	머취	많은
[ritʃ]	rich	리취	부자의
[dʒ]		쥐(짧게)	
[dʒɔi]	joy	조이	기쁨
[dʒaːb]	job	좝	일,직업
[dʒouk]	joke	조우ㅋ	농담
[eidʒ]	age	에이쥐	나이
[peidʒ]	page	페이쥐	페이지

03 [ʒ]

[ʒ] 소리는 앞에서 배운 [s]와 [z]와의 관계처럼 앞에서 배운 [ʃ] 소리를 내는 요령과 모든 것이 같고 다만 [ʃ]는 무성음인데 [ʒ] 유성음(진동음)인 점이 다를 뿐입니다.

그런데 [ʒ] 발음이 들어가는 단어를 현실에서 만날 수 있는 경우는 아래에서 예를 드는 단어가 전부일 정도로 너무 적어서 이 발음을 실제로 소리 낼 기회가 거의 없습니다.

그래서 원어민들도 이 [ʒ] 발음을 정확히 발음하지 못하여 [z] 소리처럼 발음하는 사람도 많고 [z] 소리와 [ʒ] 소리 듣고 구분하지 못하는 경우도 많습니다.

따라서 이 [ʒ] 발음은 앞에서 배운 [z]처럼 발음해도 되고 아니면 한국어 '쥐'를 조금 길게 내는 '쥐-'처럼 발음해도 됩니다. 자신이 편한대로 발음하시면 됩니다.

발음	단어	한글 발음	뜻
[ʒ]		쥐- 또는 [z]	
[ˈjuːʒuəl]	usual	유주얼	보통은
[ˈkæʒuəl]	casual	캐쥬얼	평상복의
[ˈvɪʒən]	vision	비젼	비젼
[ˈteləvɪʒən]	television	텔러비젼	텔레비젼
[dɪˈsɪʒən]	decision	디시젼	결정
[g]		ㄱ	
[gou]	go	고우	가다
[gaːd]	god	가ㄷ	신
[bɪg]	big	빅ㄱ	큰
[eg]	egg	엑ㄱ	달걀

발음	단어	한글 발음	뜻
[k]			
[kil]	kill	킬	죽이다
[kis]	kiss	키ㅆ	키스
[buk]	book	북ㅋ	책
[kik]	kick	킥ㅋ	~을 차다
[h]			
[hai]	hi	하이	안녕
[ha:t]	hot	핱ㅌ	더운
[hɔ:l]	hall	홀	홀
[m]			
[mi:]	me	미	나를
[mæn]	man	맨	남자
[him]	him	힘	그 남자를
[ma:m]	mom	맘	엄마
[n]			
[nou]	no	노우	아니
[nau]	now	나우	지금
[kæn]	can	캔	~을 할 수 있다
[fʌn]	fun	펀	재미있는
[ŋ]			
[wiŋ]	wing	윙	날개
[riŋ]	ring	링	반지
[siŋ]	sing	씽	노래하다
[kiŋ]	king	킹	왕

04 이중 모음

이중 모음도 아주 쉬운 발음입니다. 끊기지 않게
1음절로 쭈~욱 이어서 발음하기만 하면 됩니다.

01 이중 모음 간단히 끝내기

빨리 영어 발음 훈련을 마치고 스피킹이나 리스닝 연습에 더 많은 시간을 투자 하시려는 분들은 이 4. 이중 모음도 가볍게 1번만 연습하고 끝내시기 바랍니다.

영어에서 이중 모음은 [ai], [au], [ɔi], [ei], [ou]로 5개입니다. [ou] 발음은 앞에서 배웠으니 나머지 발음만 간단히 설명합니다.

이 이중 모음들은 한글 발음으로 소리를 내도 아무런 문제가 없습니다. 다만 한 가지만 주의하면 됩니다. 앞에서 [ou] 소리를 배울 때 이미 설명하였지만 이 이중 모음들도 모두 1음절이기 때문에 1음절로 발음해야 한다는 점입니다.

예를 들면 [ai]를 '아', '이'라고 2음절로 끊어서 발음하면 안되고 '아͡이'처럼 끊기지 않게 쭉 이어서 1음절로 발음해야 합니다.

마찬가지로 다른 이중 모음인 [au], [ɔi], [ei]도 '아͡우', '오͡이', '에͡이'처럼 끊기지 않게 쭉 이어서 1음절로 발음해야 합니다.

02 이중 모음 간단히 연습하기

한글 발음으로 해도 아무런 문제가 없는 발음들이므로 굳이 원어민의 음원을 듣지 않고 1번만 발음 연습을 해도 상관이 없습니다. 다만 끊기지 않게 1음절로 쭉 이어서 발음해야하는 주의할 점이 있기 때문에 원어민의 음원도 함께 제공하였으니 1번 들어보고 싶은 분들만 들어보고 발음 연습을 해도 됩니다.

이 부분은 1번만 연습하고 그 다음에는 통과하시기 바랍니다. 리스닝 훈련 때 본격적인 소리 내어 읽기를 하면 별도로 훈련을 하지 않아도 그 때 문장속에서 이중 모음 발음 연습이 자연스럽게 이루어 집니다.

발음기호	단어	뜻	음원
[ai]			(🎧음원 07_03_01)
[ai]	I	나	
[bai]	by	~옆에	
[mai]	my	나의	
[hai]	hi	안녕	
[laik]	like	좋아하다	
[lain]	line	선	
[kaind]	kind	친절한, 종류	
[maind]	mind	마음, 정신	
[au]			(🎧음원 07_03_02)
[aut]	out	~밖으로	
[saund]	sound	소리	
[haus]	house	집	
[nau]	now	지금	
[daun]	down	아래	
[taun]	town	도시	
[əˈbaut]	about	~대하여	
[əˈraund]	around	~주위에	

발음기호	단어	뜻	음원
[ɔi]			(🎧 음원 07_03_03)
[bɔi]	boy	소년	
[dʒɔi]	joy	기쁨	
[tɔi]	toy	장난감	
[dʒɔin]	join	참가하다	
[kɔin]	coin	동전	
[pɔint]	point	점, 점수	
[ɔil]	oil	석유	
[bɔil]	boil	끓다	
[ei]			(🎧 음원 07_03_04)
[dei]	day	날	
[sei]	say	말하다	
[plei]	play	놀다, 게임하다	
[keik]	cake	케잌	
[meik]	make	만들다	
[teik]	take	잡다, 가지고 오다	
[neim]	name	이름	
[geim]	game	게임, 놀이	

※ 두 번째 반복 연습 때까지는 여기까지만 연습하시기 바랍니다.

이다음의 혼성 모음 연습은 세 번째 반복 연습 때 하시기 바랍니다. 이다음의 혼성 모음은 [r] 발음 연습을 3번 이상 한 다음에 연습하면 순식간에 연습이 끝나는 발음들입니다. [r] 발음 연습을 충분히 하지 않고 이다음의 혼성 모음을 연습하면 힘만 들고 빨리 익숙해지지도 않습니다.

05 혼성 모음

[r] 발음을 3번 이상 연습하셨다면 혼성 모음도 순식간에 끝나는 쉬운 발음입니다. 이제 발음 연습이 거의 끝나갑니다. 조금만 더 힘내세요. 화이팅!

※ 두 번째 반복 연습 때는 이 앞까지만 연습하시기 바랍니다. 이곳은 기본 발음을 3번 이상 반복 훈련을 마친 다음에 하시기 바랍니다.

앞부분을 3번 이상 연습했고 [r] 소리를 열심히 연습했다면 이중 모음을 배웠으니 [əːr]과 [aːr] 두 가지 발음을 조금만 연습하면 이곳에서 배울 나머지 소리들은 순식간에 연습이 끝나는 발음들입니다.

주의사항

여기서 배울 혼성 모음들은 소위 버터 냄새가 강하게 나는 발음들입니다. 그러나 이 혼성 모음만 열심히 연습해서 억지로 버터 냄새를 강하게 내려고 하는 것은 김치에 마가린을 잔뜩 넣어서 양식 맛을 내려는 것과 같습니다.

이 혼성 모음은 다른 기본 발음이 완전히 습관이 되고 [r] 발음이 자연스럽게 나온 후에 소리 내 읽기나 스피킹을 열심히 해서 발음이 매우 부드러워지면 별다른 노력을 하지 않아도 저절로 나오는 발음입니다.

따라서 기본 발음 연습을 더 충실히 하고 이 혼성 모음은 요령만 알고 익힌 후에 간단히 연습하고 진도를 끝내고 본격적인 소리 내 읽기를 충분히 한 후 내공이 쌓여서 저절로 자연스럽게 나오도록 하는 것이 좋습니다.

01 [əːr]

발음기호 [əːr]는 사전에 따라서 [ɝ]나 [ɜr]로 표시하기도 합니다. [əːr] 소리는 모음인 [ə]와 자음인 [r]이 결합된 소리로서 1음절입니다.

[əːr] 소리는 한국어 '어'보다 입을 조금 더 벌리고 '어' 소리를 낸 후에 [r]을 'ㄹ'받침 삼아 입을 약간 다물면서 '얼'(='어r') 하고 내는 소리입니다. 이때 어얼(='어r') 소리가 끊이지 않고 이어지도록 1음절로 내는 소리입니다.

발음 요령

1. 구분 동작으로 설명하면

① 앞에서 배운 [r]과 똑같이 혀끝을 입천장을 향하게 하되 혀가 입안 어디에도 닿지 않도록 합니다.

② 혀의 상태를 유지한 채 한국어 '어'보다 입을 조금만 더 벌리며 '어' 소리를 냅니다.

③ 입을 약간 다물면서 [r]을 'ㄹ'받침 삼아 '얼'(='어r') 하고 소리를 냅니다. 이때 주의할 점은 [r]을 'ㄹ'받침 삼아 내는 발음이기 때문에 '얼'(='어r') 소리를 낼 때도 혀끝은 입천장을 향하되 혀가 입안 어디에도 닿지 않아야 합니다. 따라서 자연스럽게 혀끝은 더 구부러져 목구멍 쪽을 향하게 됩니다.

2. 한 동작으로 다시 설명하자면 혀가 입안 어디에도 닿지 않도록 혀끝이 입천장을 향하게 하고 한국어 '어'보다 입을 조금만 더 벌리고 '어'소리를 낸 후에 입을 약간만 다물면서 '얼'(='어r') 소리를 냅니다.
이때 '어얼'(='어r') 하고 끊기지 않고 이어지도록 1음절로 소리를 내야 하고 소리를 내는 동안 혀가 입천장이나 입안 어디에도 닿지 않도록 주의하면서 소리를 내면 됩니다.

3. 앞에서 [r] 소리를 열심히 연습했다면 'bird [bəːrd]' 버얼(=어r)ㄷ'소리로 10번 정도만 연습하면 쉽게 배울 수 있습니다.

하나.

① 혀가 입안 어디에도 닿지 않고 입천장을 향하게 하면서 한국어 '어'보다 조금만 더 입을 벌리고 '버' 소리를 낸 후에

② 이어서 혀가 입천장에 닿지 않도록 혀끝을 목구멍 쪽을 향하게 하면서 입을 약간 다물며 '얼(=어r) 소리를 내고

③ 이어서 'ㄷ' 소리를 냅니다.

둘.

3번 정도 구분 동작으로 연습을 한 다음에 1음절로 끊기지 않게 한 번에 이어서 'bird [bəːrd] 버얼(=어r)ㄷ' 소리를 7번만 발음해 봅니다. 소리가 잘 나오면 아래의 단어 발음 연습을 2번씩만 해봅니다.

만약 10번 정도 연습을 해도 잘 안 된다면 너무 스트레스를 받지는 마시고 [əːr] 연습은 이 정도만 하고 연습 진도를 멈춘 다음에 맨 처음에서부터 복습을 1번 더 한 다음에 연습해봅니다. 이 발음은 [r] 발음을 좀 더 연습한 상태에서 하면 금방 되는 발음입니다.

단어 발음 연습 (🎧 음원 07_04_01)

발음기호	단어	뜻
[əːr]		
[səːr]	sir	선생님, 호칭
[bəːrd]	bird	새
[bəːrθ]	birth	출생
[ˈdəːrti]	dirty	더러운
[gərl]	girl	소녀
[ˈθəːrti]	thirty	30, 서른
[bəːrn]	burn	태우다
[kəːrv]	curve	곡선, 커브

참고사항

① 원어민들은 bird [bəːrd]나 dirty [ˈdəːrti]처럼 [əːr] 소리가 처음이나 중간에 오는 경우에는 [r] 소리를 분명히 발음하는데 teacher [ˈtiːtʃər], water [ˈwɔːtər]처럼 [əːr] 소리가 끝에 오는 경우 [r] 발음을 생략하거나 아주 약하게 하는 경우가 대부분입니다.

② [əːr] 소리와 [ɜr] 소리는 사실 미세하게 다른 소리입니다.
[ɜr] 소리는 위에서 설명한 것처럼 입을 약간 다물면서 내는 소리이고 [əːr] 소리는 입을 거의 움직이지 않고 내는 소리입니다. 그러므로 위에서 설명한 [əːr] 소리는 사실 [ɜr] 소리를 설명한 것입니다.

그러나 원어민들도 [əːr] 소리와 [ɜr] 소리를 구분하여 정확히 발음하지 않는 경우가 많고 [əːr] 소리와 [ɜr] 소리를 듣고 정확히 구분하지 못하는 원어민들도 많습니다. 또 많은 사전에서 [əːr]과 [ɜr]를 구분하지 않고 사용하고 있어서 이 책에서는 [əːr] 소리 하나로 통일하여 설명하였습니다.

02 [aːr]

[aːr] 소리는 한국어 '아'보다 입을 조금만 더 벌리고 [r]을 'ㄹ'받침 삼아 입을 약간 다물면서 내는 '아알'(='아r') 소리라고 생각하면 됩니다. 이 발음은 앞에서 배운 [əːr] 소리와 방법과 원리가 똑같고 '어' 대신에 '아' 소리를 내는 점만 다릅니다.

발음 요령

1. 구분 동작으로 설명하면

① 앞에서 배운 [r]과 똑같이 혀끝을 입천장을 향하게 하되 혀가 입안 어디에도 닿지 않도록 합니다.

② 혀의 상태를 유지한 채 한국어 '아'보다 입을 조금만 더 벌리며 '아' 소리를 냅니다.

③ 입을 약간 다물면서 [r]을 'ㄹ'받침 삼아 '알'(='아r') 하고 소리를 냅니다. 이때 주의할 점은 [r]을 'ㄹ'받침 삼아 내는 발음이기 때문에 '알'(='아r') 소리를 낼 때도 혀끝은 입천장을 향하되 혀가 입안 어디에도 닿지 않아야 합니다. 따라서 자연스럽게 혀끝은 더 구부러져 목구멍을 향하게 됩니다.

2. 한 동작으로 다시 설명하자면 혀가 입안 어디에도 닿지 않도록 혀끝이 입천장을 향하게 하고 한국어 '아'보다 입을 조금만 더 벌리고 '아' 소리를 낸 후에 입을 약간만 다물면서 '알'(='아r') 소리를 냅니다.

이때 '아알'(='아r') 하고 끊이지 않고 이어지도록 1음절로 소리를 내야 하고 소리를 내는 동안 혀가 입천장이나 입안 어디에도 닿지 않도록 주의하면서 소리를 내면 됩니다.

3. 앞에서 [r]과 [əːr] 소리를 열심히 연습했다면 'park [paːrk] 파알(=아r)ㅋ' 소리로 10번 정도만 연습하면 쉽게 배울 수 있습니다.

하나.
① 혀가 입안 어디에도 닿지 않고 입천장을 향하게 하면서
한국어 '아'보다 조금만 더 입을 벌리고 '파' 소리를 낸 후에

② 이어서 혀가 입천장에 닿지 않도록 혀끝을 목구멍 쪽을 향하게 하면서
입을 약간 다물며 '알(=아r)' 소리를 내고

③ 이어서 'ㅋ' 소리를 냅니다.

둘.
(2) 3번 정도 구분 동작으로 연습을 한 다음에 1음절로 끊기지 않게 한 번에 이어서 'park [pa:rk]' 파알(=아r)ㅋ 소리를 7번만 발음해 봅니다. 소리가 잘 나오면 아래의 단어 발음 연습을 2번씩만 해봅니다.

10번 정도 연습을 해도 잘 안 된다면 너무 스트레스를 받지는 말고 [a:r] 연습은 이 정도만 하고 연습 진도를 멈춘 다음에 맨 처음에서부터 복습을 1번 더 한 다음에 연습해 봅니다. 이 발음은 [r]과 [əːr]을 좀 더 연습한 상태에서 하면 금방 되는 발음입니다.

단어 발음 연습 (음원 07_04_02)

발음기호	단어	뜻
[a:r]		
[ka:r]	car	자동차
[ka:rd]	card	카드
[ha:rd]	hard	열심히, 힘든
[da:rk]	dark	어두운
[pa:rk]	park	공원
[ma:rk]	mark	마크, 표시
[ka:rt]	cart	카트, 손수레
[pa:rt]	part	파트, 부분

03 [ɔːr]

발음기호 [ɔːr]은 사전에 따라서 [ɔər], [ɔːər], [ɔːɚ], [ɔɚ], [ɔɜr] 등으로 표시하기도 합니다.

이 발음기호를 좀 더 정확히 표기하면 [ɔər]가 맞는데 대부분의 사전에서 [ɔːr]로 표기하고 있어서 이 책에서도 [ɔːr]로 표기합니다.

[ɔːr](=[ɔər])은 '오'와 앞에서 배운 [əːr] 소리가 1음절로 결합된 소리입니다. 이중 모음을 배웠기 때문에 [əːr]을 열심히 연습하였으면 순식간에 익힐 수 있는 발음입니다.

발음 요령

1. 구분 동작으로 설명하면

(1) 혀를 미리 들어서 혀가 입안 어디에도 닿지 않도록 하면서 혀끝은 입천장을 향하게 한 상태에서 한국어 '오' 소리를 냅니다.

(2) 앞에서 배운 것처럼 [əːr](어얼) 소리를 이어서 냅니다.

① 혀의 상태를 유지한 채 한국어 '어'보다 입을 조금만 더 벌리며 '어' 소리를 냅니다.

② 입을 약간 다물면서 [r]을 'ㄹ'받침 삼아 '얼'(='어r') 하고 소리를 냅니다. 이때 주의할 점은 [r]을 'ㄹ'받침 삼아 내는 발음이기 때문에 '얼'(='어r') 소리를 낼 때도 혀끝은 입천장을 향하되 혀가 입안 어디에도 닿지 않아야 합니다. 따라서 자연스럽게 혀끝은 더 구부러져 목구멍 쪽을 향하게 됩니다.

2. 한 동작으로 설명하면 혀끝을 미리 입천장을 향하게 하고 혀가 입안 어디에도 닿지 않는 상태에서 '오' 소리를 낸 후 바로 이어서 한국어 '어'보다 입을 조금만 더 벌리고 '어' 소리를 내고 혀가 입안 어디에도 닿지 않도록 하면서 입을 약간만 다물면서 '얼'(='어r') 소리를 냅니다.

3. [ɔːr](=[ɔər])은 1음절이므로 '오', '어', '얼'처럼 3음절로 소리를 내면 안 되고 (오어얼)처럼 소리가 끊기지 않게 쭉 이어서 1음절로 발음합니다.

단어 발음 연습 (음원 07_04_03)

발음기호	단어	뜻
[ɔːr]		
[mɔːr]	more	더 많은
[dɔːr]	door	문
[kɔːr]	core	핵심
[skɔːr]	score	점수
[stɔːr]	store	가게
[biˈfɔːr]	before	~이전에

04 [eər]

발음기호 [eər]은 사전에 따라서 [eɚ], [eəːr], [eɝ], [eɜr], [eɜr] 등으로 표시하기도 합니다.

[eər]은 앞에서 배운 [e]와 [əːr] 소리가 1음절로 결합된 소리입니다. 이 발음도 [əːr]을 열심히 연습하였으면 순식간에 익힐 수 있는 발음입니다.

발음 요령

1. 구분 동작으로 설명하면

(1) 혀를 미리 들어서 혀가 입안 어디에도 닿지 않도록 하면서 혀끝은 입천장을 향하게 한 상태에서 앞에서 배운 [e] 소리를 냅니다.

(2) 앞에서 배운 것처럼 [əːr](어얼) 소리를 이어서 냅니다.

① 혀의 상태를 유지한 채 한국어 '어'보다 입을 조금만 더 벌리며 '어' 소리를 냅니다.

② 입을 약간 다물면서 [r]을 'ㄹ'받침 삼아 '얼'(='어r') 하고 소리를 냅니다. 이때 주의할 점은 [r]을 'ㄹ'받침 삼아 내는 발음이기 때문에 '얼'(='어r') 소리를 낼 때도 혀끝은 입천장을 향하되 혀가 입안 어디에도 닿지 않아야 합니다. 따라서 자연스럽게 혀끝은 더 구부러져 목구멍 쪽을 향하게 됩니다.

2) 한 동작으로 설명하면 혀끝을 미리 입천장을 향하게 하고 혀가 입안 어디에도 닿지 않는 상태에서 앞에서 배운 [e] 소리를 낸 후 바로 이어서 한국어 '어'보다 입을 조금만 더 벌리고 '어' 소리를 내고 혀가 입안 어디에도 닿지 않도록 하면서 입을 약간만 다물면서 '얼'(='어r') 소리를 냅니다.

3) [eər]은 1음절이므로 '에', '어', '얼'처럼 3음절로 소리를 내면 안 되고 (에어얼)처럼 소리가 끊기지 않게 쭉 이어서 1음절로 발음합니다.

단어 발음 연습 (음원 07_04_04)

발음기호	단어	뜻
[eər]		
[eər]	air	공기
[keər]	care	관심을 갖다
[feər]	fair	공평한
[heər]	hair	머리카락
[tʃeər]	chair	의자
[ðeər]	there	거기
[ʃeər]	share	공유하다

05 [iɚr]

발음기호 [iɚr]은 사전에 따라서 [ir](특히 네이버 사전에는 대부분 이렇게 표시되어 있습니다), [iəːr], [iɜ˞], [iɜr] 등으로 표시하기도 합니다.

[iɚr]은 앞에서 배운 [i]와 [əːr] 소리가 1음절로 결합된 소리입니다. 이 발음도 [əːr]을 열심히 연습하였으면 순식간에 익힐 수 있는 발음입니다.

발음 요령

1. 구분 동작으로 설명하면

(1) 혀를 미리 들어서 혀가 입안 어디에도 닿지 않도록 하면서 혀끝은 입천장을 향하게 한 상태에서 '이' 소리에 힘을 주고 짧고 강하게 발음합니다.

(2) 앞에서 배운 것처럼 [əːr](어얼) 소리를 이어서 냅니다.

① 혀의 상태를 유지한 채 한국어 '어'보다 입을 조금만 더 벌리며 '어' 소리를 냅니다.

② 입을 약간 다물면서 [r]을 'ㄹ'받침 삼아 '얼'(='어r') 하고 소리를 냅니다. 이때 주의할 점은 [r]을 'ㄹ'받침 삼아 내는 발음이기 때문에 '얼'(='어r') 소리를 낼 때도 혀끝은 입천장을 향하되 혀가 입안 어디에도 닿지 않아야 합니다. 따라서 자연스럽게 혀끝은 더 구부러져 목구멍 쪽을 향하게 됩니다.

2. 한 동작으로 설명하면 혀끝을 미리 입천장을 향하게 하고 혀가 입안 어디에도 닿지 않는 상태에서 '이' 소리를 짧고 강하게 낸 후 바로 이어서 한국어 '어'보다 입을 조금만 더 벌리고 '어' 소리를 내고 혀가 입안 어디에도 닿지 않도록 하면서 입을 약간만 다물면서 '얼'(='어r') 소리를 냅니다.

3. [iɚr]은 1음절이므로 '이', '어', '얼'처럼 3음절로 소리를 내면 안 되고 (이어얼)처럼 소리가 끊기지 않게 쭉 이어서 1음절로 발음합니다.

단어 발음 연습 (음원 07_04_05)

발음기호	단어	뜻
[iər]		
[iər]	ear	귀
[hiər]	hear	듣다
[niər]	near	가까이
[jiər]	year	해, 년
[fiər]	fear	두려움
[tiər]	tear	눈물
[kliər]	clear	분명한, 맑은

06 [uər]

[uər]의 발음기호를 사전에 따라서 [ur], [ʊr](특히 네이버 사전에는 대부분 이렇게 표시되어 있습니다), [uəːr], [uɜ˞], [uɜr] [ʊɜ˞], [ʊɜr] 등으로 표시하기도 합니다.

[uər]은 앞에서 배운 [u]와 [əːr] 소리가 1음절로 결합된 소리입니다. 따라서 이 발음도 [əːr]을 열심히 연습하였으면 순식간에 익힐 수 있는 발음입니다.

발음 요령

1. 구분 동작으로 설명하면

(1) 혀를 미리 들어서 혀가 입안 어디에도 닿지 않도록 하면서 혀끝은 입천장을 향하게 한 상태에서 '우' 소리를 냅니다.

(2) 앞에서 배운 것처럼 [əːr](어얼) 소리를 이어서 냅니다.

① 혀의 상태를 유지한 채 한국어 '어'보다 입을 조금만 더 벌리며 '어' 소리를 냅니다.

② 입을 약간 다물면서 [r]을 'ㄹ' 받침 삼아 '얼'(='어r') 하고 소리를 냅니다. 이때 주의할 점은 [r]을 'ㄹ' 받침 삼아 내는 발음이기 때문에 '얼'(='어r') 소리를 낼 때도 혀끝은 입천장을 향하되 혀가 입안 어디에도 닿지 않아야 합니다. 따라서 자연스럽게 혀끝은 더 구부러져 목구멍 쪽을 향하게 됩니다.

2. 한 동작으로 설명하면 혀끝을 미리 입천장을 향하게 하고 혀가 입안 어디에도 닿지 않는 상태에서 '우' 소리를 낸 후 바로 이어서 한국어 '어'보다 입을 조금만 더 벌리고 '어' 소리를 내고 혀가 입안 어디에도 닿지 않도록 하면서 입을 약간만 다물면서 '얼'(='어r') 소리를 냅니다.

3. [uər]은 1음절이므로 '우', '어', '얼'처럼 3음절로 소리를 내면 안 되고 (우어얼)처럼 소리가 끊기지 않게 쭉 이어서 1음절로 발음합니다.

단어 발음 연습 (음원 07_04_06)

발음기호	단어	뜻
[uər]		
[kjuər]	cure	치료하다
[pjuər]	pure	순수한
[ʃuər]	sure	확실한
[tuər]	tour	투어, 여행
[juər]	your	당신의, 너의
[puər]	poor	가난한

07 [aiər]

발음기호 [aiər]를 사전에 따라서 [air], [aiə:r], [aiɚ], [aiɜr] 등으로 표시하기도 합니다. 또 이 소리가 끝소리로 오는 경우에는 [r] 소리가 약하기 때문에 [aiə(r)]로 표시하기도 합니다.

[aiər]은 앞에서 배운 이중 모음 [ai](아이)와 [ə:r] 소리가 1음절로 결합된 소리입니다. 따라서 이 발음도 [ə:r]을 열심히 연습하였으면 순식간에 익힐 수 있는 발음입니다.

발음 요령

1. 구분 동작으로 설명하면

(1) 앞에서 배운 대로 1음절인 이중 모음 [ai](아이)를 1음절로 끊어지지 않게 쭉 이어서 소리를 냅니다.

(2) 앞에서 배운 것처럼 [ə:r](어얼) 소리를 이어서 냅니다.

① 혀끝을 입천장 쪽으로 향하게 하되 혀가 입안 어디에도 닿지 않도록 합니다.

② 혀의 상태를 유지한 채 한국어 '어'보다 입을 조금만 더 벌리며 '어' 소리를 냅니다.

③ 입을 약간 다물면서 [r]을 'ㄹ'받침 삼아 '얼'(='어r') 하고 소리를 냅니다. 이때 주의할 점은 [r]을 'ㄹ'받침 삼아 내는 발음이기 때문에 '얼'(='어r') 소리를 낼 때도 혀끝은 입천장을 향하되 혀가 입안 어디에도 닿지 않아야 합니다. 따라서 자연스럽게 혀끝은 더 구부러져 목구멍 쪽을 향하게 됩니다.

2. 한 동작으로 설명하면 이중 모음 [ai](아이)를 1음절로 끊어지지 않게 쭉 이어서 소리를 낸 후 바로 이어서 혀가 입안 어디에도 닿지 않도록 혀끝이 입천장을 향하게 하고 한국어 '어'보다 입을 조금만 더 벌리고 '어' 소리를 낸 후에 입을 약간만 다물면서 '얼'(='어r') 소리를 냅니다.

3. [aiər]은 1음절이므로 '아', '이', '어', '얼'처럼 3음절로 소리를 내면 안 되고 (아이어얼)처럼 소리가 끊기지 않게 쭉 이어서 1음절로 발음합니다.

4. tire [taiər] (타이얼(=어r)) 단어로 몇 차례 연습해봅니다.

(1) 먼저 구분 동작으로 설명하면
① 치경에 혀끝을 대고 [tai](타이)를 쭉 이어서 1음절로 발음합니다.

② 혀끝을 입천장 쪽으로 향하게 하되 혀가 입안 어디에도 닿지 않도록 한 상태에서 한국어 '어'보다 입을 조금만 더 벌리며 '어' 소리를 냅니다.

③ 입을 약간 다물면서 [r]을 'ㄹ'받침 삼아 '얼'(='어r') 하고 소리를 냅니다.

(2) 3번 정도 구분 동작으로 연습을 한 다음에 1음절로 끊기지 않게 한 번에 이어서 'tire [taiər] (타이얼(=어r))' 소리를 7번만 발음해 봅니다.

주의사항

[aiər] (아이어얼)을 소리가 끊기지 않게 쭉 이어서 발음을 해도 조금 긴소리이기 때문에 1음절처럼 들리지 않을 수가 있습니다.
따라서 몇 차례 연습해서 조금 빠르게 발음하도록 합니다.

조금 빠르게 발음하면 '아', '이', '어r'의 세 가지 소리가 아어얼처럼 서로 겹치면서 발음되고 1음절 같은 느낌이 강하게 납니다.

단어 발음 연습 (음원 07_04_07)

발음기호	단어	뜻
[aiər]		
[faiər]	fire	불, 해고하다
[haiər]	hire	고용하다
[taiər]	tire	타이어
[waiər]	wire	와이어, 전선
[lier]	lier	거짓말쟁이
[taiərd]	tired	피곤한
[faiərd]	fired	해고된
[haiərd]	hired	고용된

08 [auər]

발음기호 [auər]를 사전에 따라서 [aur], [auər], [auəːr], [auɝ], [auɜr] 등으로 표시하기도 합니다. 또 이 소리가 끝소리로 오는 경우에는 [r] 소리가 약하기 때문에 [auə(r)]로 표시하기도 합니다.

[auər]는 앞에서 배운 이중 모음 [au](아우)와 [əːr] 소리가 1음절로 결합된 소리입니다. 따라서 이 발음도 [əːr]을 열심히 연습하였으면 금방 익힐 수 있는 발음입니다.

발음 요령

1. 구분 동작으로 설명하면

(1) 앞에서 배운대로 1음절인 이중 모음 [au](아우)를 1음절로 끊어지지 않게 쭉 이어서 소리를 냅니다.

(2) 앞에서 배운 것처럼 [əːr](어얼) 소리를 이어서 냅니다.

① 혀끝을 입천장 쪽으로 향하게 하되 혀가 입안 어디에도 닿지 않도록 합니다.

② 혀의 상태를 유지한 채 한국어 '어'보다 입을 조금만 더 벌리며 '어'소리를 냅니다.

③ 입을 약간 다물면서 [r]을 'ㄹ'받침 삼아 '얼'(='어r') 하고 소리를 냅니다.

2. 한 동작으로 설명하면 이중 모음 [au](아우)를 1음절로 끊어지지 않게 쭉 이어서 소리를 낸 후 바로 이어서 혀가 입안 어디에도 닿지 않도록 혀끝이 입천장을 향하게 하고 한국어 '어'보다 입을 조금만 더 벌리고 '어'소리를 낸 후에 입을 약간만 다물면서 '얼'(='어r') 소리를 냅니다.

3. [auər]은 1음절이므로 '아', '우어', '얼'처럼 3음절로 소리를 내면 안 되고 (아우어얼)처럼 소리가 끊기지 않게 쭉 이어서 1음절로 발음합니다.

4. sour [sauər] (싸우얼(=어r)) 단어로 몇 차례 연습해봅니다.

(1) 먼저 구분 동작으로 설명하면

① [sau](싸우)를 쭉 이어서 1음절로 발음합니다.

② 혀끝을 입천장 쪽으로 향하게 하되 혀가 입안 어디에도 닿지 않도록 한 상태에서 한국어 '어'보다 입을 조금만 더 벌리며 '어' 소리를 냅니다.

③ 입을 약간 다물면서 [r]을 'ㄹ'받침 삼아 '얼'(='어r') 하고 소리를 냅니다.

(2) 3번 정도 구분 동작으로 연습을 한 다음에 1음절로 끊기지 않게 한 번에 이어서 'sour [sauər](싸우얼(=어r))' 소리를 7번만 발음해 봅니다.

주의사항

[auər](아우어얼)을 소리가 끊기지 않게 쭉 이어서 발음을 해도 조금 긴소리이기 때문에 1음절처럼 들리지 않을 수가 있습니다.
따라서 몇 차례 연습해서 조금 빠르게 발음하도록 합니다.

조금 빠르게 발음하면 '아', '우', '어r'의 세 가지 소리가 아우어r처럼 서로 겹치면서 발음되고 1음절 같은 느낌이 강하게 납니다.

단어 발음 연습 (음원 07_04_08)

발음기호	단어	뜻
[auər]		
[auər]	our	우리의
[sauər]	sour	(맛이) 신
[tauər]	tower	탑
[pauər]	power	힘
[ʃauər]	shower	샤워
[flauər]	flower	꽃
[ˈkauərd]	coward	겁쟁이

**※ 여기까지 오느라 수고하셨습니다.
이것으로 모든 발음을 다 훈련해 보셨습니다.**

여기까지 왔다면 세 번째 반복 연습을 하셨다는 이야기인데…

① 나이가 많아 환갑이 지난 지 한참은 되신 분(외국어 습득 측면에서 보면 20살이면 환갑이라고 할 수 있습니다. ㅠ.ㅠ)

② 발음을 제대로 배우지 않고 소리 내어 읽기나 스피킹을 너무 많이 하신 분

③ 아예 영어와 담을 쌓고 지낸 세월이 너무 오래된 분

이 아니라면 거의 끝나갑니다.

위에 있는 세 가지에 해당된 분이 아니시다면 이다음 네 번째 복습부터는 여기까지 오시는 데 아마 한 시간 정도면 될 것입니다. 조금만 더 파이팅하시기 바랍니다. 고지가 저기 보입니다. 파이팅!

그리고 위에 세 가지에 해당된 분들은 아직도 힘이 들 수도 있습니다. 그래도 최소한 절반의 반환점은 돌았으니 이제는 점점 쉬워지고 빨라질 것입니다. 조금만 더 힘을 내시기 바랍니다. 곧 정상이 보이기 시작할 것입니다. 여기까지 오신 그 열정에 제가 아주 큰 박수를 보내 드립니다. 짝! 짝! 짝!

PART 04.
발음 법칙

이 장은 앞의 기본 발음 연습을 최소한 4번 이상 학습하고 나서 학습하시기 바랍니다.

언어의 구성요소를 이론적으로 구분한다면 음소(ㄱ ㄴ ㄷ... ㅏ ㅑ ㅓ ㅕ... b d t e i...), 음절(밥, 담, 국... bed bet...), 단어 그리고 문장 순으로 구분할 수 있습니다.

우리가 처음 외국어의 발음을 배운다는 것은 '음소'들의 소리를 배우는 것입니다. 다만 '음소'만을 통하여 발음을 배우는 것은 어렵기 때문에 단어를 통하여 '음소'들을 연습하는 것뿐입니다. 그래서 이 책에서는 원리에 맞게 가능한 1음절 단어들을 통하여 '음소'들을 연습하도록 하는 것입니다.

그런데 발음 법칙 현상은 '음소'나 '음절' 수준에서는 발생하지 않고 단어나 문장 수준에서 일어나는 현상입니다. 따라서 음소도 제대로 소리 내지 못하면서 발음 법칙을 배우는 것은 걷지도 못하는 데 달리기를 배우려고 하는 것입니다. 따라서 앞부분의 기본 발음을 최소한 4회 이상 학습한 다음에 이 부분을 학습하시기 바랍니다.

여러분들이 기본 발음을 충실히 연습하였다면 배운 발음대로 소리 내 읽기를 더 연습하여 발음이 부드러워지고 소리 내 읽는 속도가 조금만 빨라지면 억지로 이 발음 법칙들을 지키려 노력하지 않아도 이 발음 법칙들이 자연스럽게 일어날 것입니다.

따라서 이 부분은 원리만 이해하고 1, 2번 정도만 가볍게 연습하고 통과하시기 바랍니다. 그리고 이것은 자연스러운 현상이기 때문에 이해만 하면 되지 외울 필요는 전혀 없다는 점을 강조합니다.

01 연음

우리도 '같은 소리'를 '가튼 소리'로 발음하듯이 'love you'도 '러뷰'로 발음합니다. 자연스러운 현상이니 외울 필요 없습니다. 이해만 하세요.

연음 현상은 뒤 음절이 모음으로 시작되는 경우 앞 음절이 자음으로 끝날 때 그 자음이 뒤 음절로 이어져서 소리 나는 현상을 말합니다.

예를 들면 '먹어서'가 '머거서'로 '덮이고'가 '더피고'로 '같은'이 '가튼'으로 소리 나는 현상이 대표적인 예입니다.

이 연음법칙은 한국어는 물론이고 영어뿐만 아니라 대부분의 언어에서 일어나는 일반적인 현상입니다. 따라서 영어의 연음 현상의 원리도 한국어와 같습니다.

그러므로 대표적인 예만 살펴보겠습니다.

(1) Am I old?
 æm ai ould
 æm ai → æmai (앰 아이 → 애마이)

(2) Is it fun?
 iz it fʌn
 iz it → izit (이ㅈ 잍 → 이짙)

(3) And I love you.
 ænd ai lʌv ju:
 ænd ai → ændai (앤ㄷ 아이 → 앤다이)
 lʌv ju: → lʌvju: (러ㅂ 유 → 러뷰)

(4) I gave it to you.
　　ai geiv it tu: ju:
　　geiv it → geivit　　(게이ㅂ 잍 → 게이빝)

(5) Please! take out the trash.
　　pli:z teik aut ðə træʃ
　　teik aut → teikaut　　(테잌 아웉 → 테이카웉)

(6) Ask us anything.
　　æsk ʌs ˈeniθiŋ
　　æsk ʌs → æskʌs　　(애ㅆㅋ 어ㅆ → 애ㅆ커ㅆ)

(7) Have you ever seen a bat?
　　hæv ju: ˈevər si:n ə bæt
　　hæv ju: → hævju:　(해ㅂ 유 → 해뷰)
　　si:n ə → si:nə　　(씬 어 → 씨너)

(8) He is full of energy.
　　hi: iz ful əv ˈenərdʒ
　　ful əv → fuləv　　(풀 어ㅂ → 풀러ㅂ)

(9) Can you tell us the whole story
　　kæn ju: tel ʌs ðə houl ˈstɔ:ri
　　kæn ju: → kænju:　(캔 유 → 캔뉴)
　　tel ʌs → telʌs　　(텔 어ㅆ → 테러ㅆ)

(1) 제가 늙었나요?
(2) 그것이 재미있나요?
(3) 그리고 나는 당신을 사랑합니다.
(4) 나는 그것을 당신에게 주었습니다.
(5) 쓰레기를 버려 주세요.
(6) 우리에게 무엇이든 물어보세요.
(7) 박쥐를 본 적이 있나요?
(8) 그는 에너지가 넘친다.
(9) 우리에게 모든 이야기를 해줄 수 있나요?

참고사항

여기서 배우는 발음 법칙들은 정상 속도 이상으로 조금 빠르게 발음할 때 일어나는 자연스러운 현상들입니다. 따라서 말을 천천히 하거나 강조하려고 일부러 강하게 발음하는 경우 또는 정확한 발음을 들려주려고 일부러 또박 또박 말하는 경우 등에는 이러한 발음 법칙이 일어나지 않고 원래의 발음기호에 가깝게 발음하는 경우가 현실에서는 자주 있습니다.

02 구개음화

'너 가치(같이) 예쁜 아이를 구지(굳이)...'로 발음하듯이
'Did you or don't you...'도 '디쥬 오어r 돈츄'로 발음합니다.
자연스러운 현상이니 이해만 하세요. 암기? No!

구개음화는 앞 음절이 'ㄷ', 'ㅌ'으로 끝날 때 뒤 음절이 'ㅣ'모음으로 시작되는 경우 'ㅈ', 'ㅊ'으로 바뀌어 소리 나는 현상을 말합니다. 예를 들면 '해돋이'가 '해도지'로 '피붙이'가 '피부치'로 소리 나는 현상이 대표적인 예입니다.

이 구개음화 현상은 한국어는 물론이고 영어뿐만 아니라 대부분의 언어에서 일어나는 일반적인 현상입니다. 따라서 영어의 구개음화 현상의 원리도 한국어와 같습니다. 다만 영어에서는 [i]나 [i:] 앞이 아닌 [j]('이' : 알파벳으로는 주로 'y'로 표기되는 소리임) 소리 앞에서 일어나는 점만 다를 뿐입니다.

1. [d] + [j] = [dʒ + j] : 해돋이 → [해도지]

(1) Did you know it?
　　did ju:　nou it
　　[did ju:] → [didʒju:] (디ㄷ 유 → 디쥬)

(2) Could you help me?
　　kud ju:　help mi:
　　[kud ju:] → [kudʒju:] (쿠ㄷ 유 → 쿠쥬)

(3) Would you like to sit down?
　　wud ju:　laik tu: sit daun
　　[wud ju:] → [wudʒju:] (우ㄷ 유 → 우쥬)

(4) I'm fine and you?
   aim fain ænd ju:
   [ænd ju:] → [ændʒju:] (앤ㄷ 유 → 앤쥬)

(5) I'm fine. Find your father.
   aim fain. faind juər ˈfa:ðər.
   [faind juər] → [faindʒjuər] (파인ㄷ 유어 → 파인쥬어)

⑴ 당신은 그것을 알았나요?
⑵ 좀 도와주실래요?
⑶ 앉으실래요?
⑷ 저는 괜찮아요. 당신은요?
⑸ 나는 괜찮아요. 당신의 아버지를 찾으세요.

2. [t] + [j] = [tʃ + j] : 피붙이 → 피부치

(1) Don't you know?
   dount ju: nou
   [dount ju:] → [dountʃju:] (도운ㅌ 유 → 도운츄)

(2) How about you?
   hau əˈbaut ju:
   [əˈbaut ju:] → [əˈbautʃju:] (어바웉 유 → 어바우츄)

(3) I met you yesterday.
   ai met ju: ˈjestərdei
   [met ju] → [metʃju] (멭 유 → 메츄)

(4) Tell me what your name is.
　　tel mi: wa:t juər neim iz
　　[wa:t juər] → [wa:tʃjuər]　(왙 유어→ 와츄어)

(5) The glasses fit you well.
　　ðə glæsiz fit ju: wel
　　[fit ju:] → [fitʃju:]　(핕 유 → 피츄)

(1) 모르세요?
(2) 당신은 어떠세요?
(3) 어제 당신을 만났어요.
(4) 당신의 이름이 무엇인지 나에게 말하세요.
(5) 그 안경이 당신에게 잘 맞습니다.

03 생략

'빨리빨리'는 미국인도 마찬가지! 말소리가 빨라지면 같은 소리 중 하나는 생략합니다. 아주 빨라지면 소리가 비슷하기만 해도 생략해버립니다. 우리 성격에 딱 맞는 현상!

앞 음절의 끝발음과 뒤 음절의 첫 발음이 같은 경우 앞 음절의 끝소리를 생략하고 뒤 음절의 첫 발음만 발음하는 현상을 말합니다. 이 생략 현상은 말소리가 느릴 때는 잘 발생하지 않고 말이 빨라질수록 아주 광범위하게 나타나는 현상입니다.

(1) I want to go home.
　　ai wɔ:nt tu: gou houm
　[wɔ:nt tu] → [wɔ:ntu] (원ㅌ 투 → 원투)

(2) I don't know what to do.
　　ai dount nou wa:t tu: du:
　[wa:t tu] → [wa:tu] (와ㅌ 투 → 와투)

(3) Let's stay here.
　　lets stei 'hiər
　[lets stei] → [letstei] (렡ㅆ 쓰테이 → 렡쓰테이)

(4) I felt tired all morning.
　　ai felt taiərd ɔ:l 'mɔ:rniŋ
　[felt taiərd] → [feltaiərd] (펠ㅌ 타이어드 → 펠타이어드)

(5) He told me about his bad day.
　　hi: tould mi: ə'baut hiz bæd dei
　[bæd dei] → [bædei] (배ㄷ 데이 → 배데이)

(6) I had done it before.
　　ai hæd dʌn it biˈfɔːr
　　[hæd dʌn] → [hædʌn]　(해ㄷ 던 → 해던)

(7) Don't tell lies.
　　dount tel laiz
　　[dount tel laiz]→[dountelaiz] (도운ㅌ 텔 라이즈→도운텔라이즈)

⑴ 집에 가고 싶다.
⑵ 무엇을 할지를 모르겠다.
⑶ 여기에 머물자.
⑷ 아침 내내 피곤했다.
⑸ 그는 그의 운 없는 날에 대해서 이야기했다.
⑹ 그것을 전에 해본 적이 있다.
⑺ 거짓말하지 마세요.

PART 05.
스스로 점검해 보기
(문장 읽기)

이 코너는 **3장의 영어 발음 훈련편**의 발음 연습을 더 해야 할지 이것으로 발음 연습은 그만 끝내고 본격적인 소리 내어 읽기나 리스닝 연습을 해야 할지를 스스로 점검해 보며 마지막으로 종합적인 발음 연습을 하는 코너입니다.

이미 발음 능력이 좋거나 열심히 연습한 분들도 반드시 스스로 점검해 보시기 바랍니다. 본격적인 스피킹이나 리스닝 훈련에 들어가기 전에 일정량의 문장을 반복해서 읽어 보는 것은 반드시 필요한 과정입니다.

01 사전 리딩

① 먼저 눈으로만 이 장 끝까지 1번 읽어봅니다.

② 눈으로만 읽다가 모르는 단어가 나오면 모르는 단어를 3~5번 정도 소리 내어 정확한 발음으로 발음해 본 후에 계속 눈으로만 읽어나갑니다.

③ 눈으로만 읽다가 이해가 안 되는 문장이 있으면 해설을 참조하여 이해하도록 합니다.

02 자가 점검하기

① 소리 내어 읽기 전에 스톱워치를 준비하여 세팅합니다.

② 배운 대로 정확한 발음으로 처음부터 끝까지 소리 내어 1번 읽습니다. 다 읽고 나서 읽는 데 걸리는 시간을 기록합니다.

③ 배운 대로 정확한 발음으로 처음부터 끝까지 소리 내어 또 1번 더 읽습니다. 정확한 발음으로 읽되 조금 빠르게 읽으려고 노력하면서 읽습니다. 다 읽고 나서 읽는 데 걸리는 시간을 기록합니다.

03 학습 방법 결정

끝까지 2번을 읽고 나서 자가점검 영어 문장 맨 끝의 지시에 따라서 추가 학습 여부를 결정합니다.

1)

I had studied English for ten years since middle school.¹⁾
ai hæd ˈstʌdid ˈiŋgliʃ fɔːr ten ˈjiərz sins ˈmidl skuːl.

But I had never heard English well.²⁾
bʌt ai hæd ˈnevər həːrd ˈiŋgliʃ wel.

I had never spoken English fluently.
ai hæd ˈnevər ˈspoukn ˈiŋgliʃ ˈfluːəntli.

I had never read English well.
ai hæd ˈnevər red ˈiŋgliʃ wel.

I had never written English well.
ai hæd ˈnevər ritn ˈiŋgliʃ wel.

But I had got good grades on English tests.³⁾
bʌt ai hæd gaːt gud greidz ɔːn ˈiŋgliʃ tests.

2)

After university I didn't study English at all.⁴⁾
ˈæftər juːniˈvəːrsəti ai didnt ˈstʌdi ˈiŋgliʃ æt ɔːl.

I decided to study English three years ago.⁵⁾
ai diˈsaidid tuː ˈstʌdi ˈiŋgliʃ θriː ˈjiərz əˈgou.

I started to study English again.
ai ˈstaːrtid tuː ˈstʌdi ˈiŋgliʃ əˈgen.

단어 및 숙어

again[əˈgen] 다시
ago[əˈgou] 이전에, 전에
decide[diˈsaid] 결정하다
didn't = did not 하지 못했다
fluently[ˈfluːəntli] 유창하게
get[get]/got[gat]/got[gat] 얻다
grade[greid] 성적, 등급
have[hæv]/had[hæd]/had[hæd] 가지다
hear[hiər]/heard[hərd]/heard[hərd] 듣다
middle[ˈmidl] 중앙의, 가운데의
never[ˈnevər] 결코 ~가 아니다.
read[riːd]/read[red]/read[red] 글을 읽다
since [sins] ~이후로, ~이래로
speak[spiːk]/spoke[spouk]/spoken[spoukn] 말하다
start[staːrt] 시작하다
study[ˈstʌdi]/studied[ˈstʌdid]
studied[ˈstʌdid] 공부하다
university[juːniˈvərsəti] 대학교
well[wel] 잘
write[rait]/wrote/[rout]/written[writn] 글을 쓰다, 작문하다

decide to
~하기로 결심하다 ~하기로 결정하다
for ten years
10년 동안
get a good grade
좋은 성적을 받다
get good grades
좋은 성적들을 받다.
had never heard well
결코 잘 들어본 적이 없었다
had never spoken fluently
결코 유창하게 말해본 적이 없었다
not~ at all
전혀 ~이 아니다.
start to
~하기 시작하다

1) I had studied English for ten years since middle school.
   나는 중학교 이후로 10년 동안 영어 공부를 해왔었다.

2) But I had never heard English well.
   그러나 나는 영어를 잘 들어본 적이 없다.

3) But I had got good grades on English tests.
   그러나 영어시험에서는 좋은 점수를 받았다.

4) After university I didn't study English at all.
   대학을 졸업한 후로 나는 영어 공부를 전혀 하지 않았다.

5) I decided to study English three years ago.
   나는 3년 전에 영어 공부를 하기로 결정했다.

I studied English really hard everyday.
ai ˈstʌdid ˈiŋgliʃ ˈriːəli haːrd ˈevridei.

But I could not speak English fluently.
bʌt ai kud naːt spiːk ˈiŋgliʃ ˈfluːəntli.

3)
I started to study English three years ago.
ai ˈstaːrtid tuː ˈstʌdi ˈiŋgliʃ θriː ˈjiərz əˈgou.

I have been studying English for three years.[1]
ai hæv biːn ˈstʌdiiŋ   ˈiŋgliʃ fɔːr θriː ˈjiərz.

But I have never heard English well.
bʌt ai hæv ˈnevər həːrd ˈiŋgliʃ wel.

I have been studying English for three years.
ai hæv biːn ˈstʌdiiŋ ˈiŋgliʃ fɔːr θriː ˈjiərz.

But I have never spoken English fluently.
bʌt ai hæv ˈnevər ˈspoukn ˈiŋgliʃ ˈfluːəntli.

I have never read English well.
ai hæv ˈnevər red   ˈiŋgliʃ wel.

I have never written English well.
ai hæv ˈnevər ritn   ˈiŋgliʃ wel.

단어 및 숙어

ago[əˈgou] 이전에, 전에
am[æm]/was[wəz]/been[bi:n] ~이다
can[kæn]/could[kud]/
could[kud] 할 수 있다.
everyday[ˈevridei] 날마다
fluently [ˈflu:əntli] 유창하게
hard[ha:rd] 열심히
hear[hiər]/heard[hərd]/
heard[hərd] 듣다
never[ˈnevər] 결코 ~가 아니다.
read[ri:d]/read[red]/read[red] 글을 읽다
really [ˈri:əli] 진짜
speak[spi:k]/spoke[spouk]/
spoken[spoukn] 말하다
start[sta:rt] 시작하다, 출발하다
study[ˈstʌdi]/studied[ˈstʌdid]/
studied[ˈstʌdid] 공부하다
well[wel] 잘
write[rait]/wrote/[rout]/written[writn]
글을 쓰다, 작문하다

for three years
3년 동안
have been studying
쭉 공부를 해왔었다.
have never read well
결코 잘 읽어 본 적이 없다.
have never spoken fluently
결코 유창하게 말해본 적이 없다

1) I have been studying English for three years.
   나는 3년 동안 영어 공부를 쭉 해왔었다.

4)
I have recently found the best way to master English.[1]
ai hæv ˈriːsntli faund ðə best wei tuː ˈmæstər ˈiŋgliʃ.

So I study harder to master English.[2]
sou ai ˈstʌdi ˈhardər tuː ˈmæstər ˈiŋgliʃ.

I study English everyday.
ai ˈstʌdi ˈiŋgliʃ ˈevridei.

I listen to English everyday.
ai ˈlisn tuː ˈiŋgliʃ ˈevridei.

I read English everyday.
ai riːd ˈiŋgliʃ ˈevridei.

I write English everyday.
ai rait ˈiŋgliʃ ˈevridei.

5)
Now I am studying English in the library.
nau ai æm ˈstʌdiiŋ ˈiŋgliʃ in ðə ˈlaibreri.

Now I am reading an English book in the library.
nau ai æm ˈriːdiŋ ən ˈiŋgliʃ buk in ðə ˈlaibreri.

Now I am listening to English.
nau ai æm ˈlisniŋ tuː ˈiŋgliʃ.

단어 및 숙어

best[best] 최고의, 가장 좋은
everyday[ˈevridei] 날마다
find[faind]/found[faund]/found[faund]
발견하다
harder[ˈhardər] hard
(열심히)의 비교급 : 더 열심히
library[ˈlaibreri] 도서관, 도서실
listen[ˈlisn] 듣다, 경청하다
master[ˈmæstər] 마스터하다, 통달하다
read[ri:d]/read[red]/read[red] 글을 읽다
recently[ˈri:sntli] 최근에
way[wei] 방법, 길
write[rait]/wrote/[rout]/written[writn]
글을 쓰다, 작문하다

have recently found
최근에 발견하였다.
in the library
도서관에서
listen to
주의 깊게 듣다, 경청하다
best way
최고의 방법
the best way to ~
하는 최고의 방법
the best way to master English
영어를 마스터하는 최고의 방법

1) I have recently found the best way to master English.
　　나는 최근에 영어를 마스터하는 최고의 방법을 찾았다.

2) So I study harder to master English.
　　그래서 영어를 마스터하기 위해서 더 열심히 공부한다.

7)
Today I am going to study until late at night.[1]
tuːˈdei ai æm ˈgouiŋ tuː ˈstʌdi ənˈtil leit æt nait.

I will study hard until I can hear English well.
ai wil ˈstʌdi haːrd ənˈtil ai kæn hiər ˈiŋgliʃ wel.

I will study hard until I can speak English fluently.
ai wil ˈstʌdi haːrd ənˈtil ai kæn spiːk ˈiŋgliʃ ˈfluːəntli.

I will study hard until I can read English well.
ai wil ˈstʌdi haːrd ənˈtil ai kæn riːd ˈiŋgliʃ wel.

Now I know the best way to master English.[2]
nau ai nou ðə best wei tuː ˈmæstər ˈiŋgliʃ.

So I don't think it will take a long time to master English.[3]
sou ai dount θiŋk it wil teik ə lɔːŋ taim tuː ˈmæstər ˈiŋgliʃ.

단어 및 숙어

best[best] 최고의, 가장 좋은
fluently[ˈfluːəntli] 유창하게
hard[haːrd] 열심히
hear[hiər]/heard[hərd]/heard[hərd] 듣다
know[nou] 알다
late[leit] 늦은, 지각한
master[ˈmæstər] 마스터하다, 통달하다
read[riːd]/read[red]/read[red] 글을 읽다
So[sou] 그래서
speak[spiːk]/spoke[spouk]/spoken[spoukn] 말하다
take[teik] (시간이) ~정도 걸리다./ 가져가다
until[ənˈtil] ~할 때까지
well[wel] 잘
will[wil] ~할 것이다

a long time
오랜 시간
am going to
~할 예정이다
at night
밤에
I don't think
~라고 생각하지 않는다.
it will not take a long time to ~
하는 데 오랜 시간이 걸리지 않을 것이다.
Now I know
이제는 안다
study hard
열심히 공부하다
the best way
최고의 방법
the best way to master English
영어를 마스터하는 최고의 방법

1) Today I am going to study until late at night.
   오늘 나는 밤늦게까지 공부할 것이다.

2) Now I know the best way to master English.
   이제는 영어를 마스터하는 최고의 방법을 알고 있다.

3) So I don't think it will take a long time to master English.
   그래서 영어를 마스터하는 데 오랜 시간이 걸릴 것이라고는 생각하지 않는다.

04 나의 학습 방법

끝까지 2번을 읽고 나서 두 번째 읽는 데 시간이 얼마나 걸렸는지 확인하고 아래에서 자신이 해당하는 시간을 찾아내서 그 방법에 따라 학습하시면 됩니다.

1. 7분 이상

① 님은 나이가 많거나 ② 발음을 제대로 배우지 않고 소리 내어 읽기나 스피킹을 너무 많이 하셨거나 ③ 영어와 담을 쌓고 지낸 세월이 너무 오래되었거나 기타의 이유로 한국인의 평균적인 발음 능력보다 훨씬 미달한 상태입니다. 따라서 발음 연습을 많이 하셔야 할 것 같습니다.

(1) 3장의 영어 발음 훈련 부분 전체를 단어만 모두 2번 발음하면서 끝까지 더 연습하시기 바랍니다.

(2) 그런 다음에 잘 안 되는 부분을 단어만 2번씩 더 연습합니다.

(3) 그런 후에 3장의 영어 발음 훈련 부분 전체를 단어와 문장 모두 2번씩 발음하면서 끝까지 더 연습하시기 바랍니다.

(4) 그런 다음에 잘 안 되는 부분을 단어는 1번씩, 예문은 2번씩 연습합니다.

(5) 그런 후에 3장의 영어 발음 훈련 부분 전체를 단어는 2번씩, 문장도 2번씩 발음하면서 끝까지 더 연습하시기 바랍니다.

(6) 그런 다음에 여전히 잘 안 되는 부분만 단어는 1번씩, 예문은 2번씩 연습합니다.

(7) 이번에는 3장의 영어 발음 훈련 부분 전체를 예문만 2번씩 연습합니다.

(8) 그런 다음 다시 이곳 자가점검 코너의 문장을 처음부터 끝까지 6번만 더 소리 내어 읽은 다음에 본격적인 소리 내어 읽기나 리스닝 훈련에 들어가시면 될 것 같습니다.

2. 7분 미만 6분 이상

① 님은 나이가 많거나 ② 발음을 제대로 배우지 않고 소리 내어 읽기나 스피킹을 너무 많이 하셨거나 ③ 영어와 담을 쌓고 지낸 세월이 너무 오래되었거나 기타의 이유로 한국인의 평균적인 발음 능력에 미달 됩니다. 발음 연습을 더 하셔야 할 것 같습니다.

(1) 3장의 영어 발음 훈련 부분 전체를 단어만 모두 2번씩 발음하면서 끝까지 더 연습하시기 바랍니다.

(2) 그런 후에 3장의 영어 발음 훈련 부분 전체를 단어는 2번씩, 문장은 3번씩 발음하면서 끝까지 더 연습하시기 바랍니다.

(3) 그런 다음에 잘 안 되는 부분을 단어는 2번씩, 예문은 3번씩 연습합니다.

(4) 그런 다음에 여전히 잘 안 되는 부분만 단어는 1번씩, 예문은 2번씩 연습합니다.

(5) 이번에는 3장의 영어 발음 훈련 부분 전체를 예문만 2번씩 연습합니다.

(6) 그런 다음 다시 이곳 자가점검 코너의 문장을 처음부터 끝까지 5번만 더 소리 내어 읽은 다음에 본격적인 소리 내어 읽기나 리스닝 훈련에 들어가시면 될 것 같습니다.

3. 6분 미만 5분 이상

① 님은 나이가 많거나 ② 발음을 제대로 배우지 않고 소리 내어 읽기나 스피킹을 너무 많이 하셨거나 ③ 영어와 담을 쌓고 지낸 세월이 너무 오래되었거나 기타의 이유로 한국인의 평균적인 발음 능력에 약간 미달합니다. 발음 연습을 조금 더 하셔야 할 것 같습니다.

(1) 3장의 영어 발음 훈련 부분 전체를 단어와 문장 모두 2번씩 발음하면서 끝까지 더 연습하시기 바랍니다.

(2) 스스로 판단하여 쉬운 부분은 1번씩만 연습하고 잘 안 되는 부분만 2번씩 연습해도 좋습니다.

(3) 이미 음원을 몇 차례 들어 보았기 때문에 음원을 듣지 않고 발음 연습만 해도 되고 자신이 선택해서 듣고 싶은 음원만 들으며 발음 연습을 해도 됩니다.

(4) 그런 다음에 잘 안 되는 부분만 단어는 2번씩, 예문은 3번씩 연습합니다.

(5) 그런 다음에 여전히 잘 안 되는 부분만 단어는 1번씩, 예문은 2번씩 연습합니다.

(6) 그런 다음 다시 이곳 자가점검 코너의 문장을 처음부터 끝까지 5번만 더 소리 내어 읽은 다음에 본격적인 소리 내어 읽기나 리스닝 훈련에 들어가시면 될 것 같습니다.

4. 5분 미만 4분 이상

님은 한국인 20대 중반의 평균적인 발음 능력을 가지고 있습니다. 그러나 본격적인 소리 내어 읽기를 하기에는 실력이 부족합니다. 발음 연습을 조금만 더 하실 필요가 있습니다.

(1) 3장의 영어 발음 훈련 부분 전체를 단어와 문장 모두 2번씩 발음하면서 끝까지 1번만 더 연습하시기 바랍니다.

(2) 스스로 판단하여 쉬운 부분은 1번씩만 연습하고 잘 안 되는 부분만 2번씩 연습해도 좋습니다.

(3) 이미 음원을 몇 차례 들어 보았기 때문에 음원을 듣지 않고 발음 연습만 해도 되고 자신이 선택해서 듣고 싶은 음원만 들으며 발음 연습을 해도 됩니다.

(4) 그런 다음에 잘 안 되는 부분만 단어는 2번씩, 예문은 3번씩 연습합니다.

(5) 그런 다음 다시 이곳 자가점검 코너의 문장을 처음부터 끝까지 5번만 더 소리 내어 읽은 다음에 본격적인 소리 내어 읽기나 리스닝 훈련에 들어가시면 될 것 같습니다.

5. 4분 미만 3분 이상

님은 한국인 20대 중반의 평균적인 발음 능력보다 우수합니다. 그러나 본격적인 소리 내어 읽기를 하기에는 약간 실력이 부족합니다. 발음 연습을 조금만 더 하실 필요가 있습니다.

(1) 3장의 영어 발음 훈련 부분 전체를 단어와 문장 모두 2번씩 발음하면서 끝까지 1번만 더 연습하시기 바랍니다.

(2) 스스로 판단하여 쉬운 부분은 1번씩만 연습하고 잘 안 되는 부분만 2번씩 연습해도 좋습니다.

(3) 이미 음원을 몇 차례 들어 보았기 때문에 음원을 듣지 않고 발음 연습만 해도 되고 자신이 선택해서 듣고 싶은 음원만 들으며 발음 연습을 해도 됩니다.

(4) 그런 다음 다시 이곳 자가점검 코너의 문장을 처음부터 끝까지 4번만 더 소리 내어 읽은 다음에 본격적인 소리 내어 읽기나 리스닝 훈련에 들어가시면 될 것 같습니다.

6. 2분 30초 이상 3분 미만

님은 한국인 20대 중반의 평균적인 발음 능력보다 상당히 우수합니다. 만약 열심히 연습하여 이 수준에 도달하셨다면 그동안의 노고에 박수를 보내드립니다. 약간의 준비 운동을 한 다음에 본격적인 소리 내어 읽기나 리스닝 훈련에 들어가시면 될 것 같습니다.

님은 이 장의 자가점검 문장을 처음부터 끝까지 3번만 더 소리 내어 읽은 다음에 본격적인 소리 내어 읽기나 리스닝 훈련에 들어가셔도 될 것 같습니다.

7. 2분 30초 미만

님은 상당히 우수한 발음 능력을 가지고 있습니다. 한국인 10대 초반의 평균적인 발음 능력보다 더 우수합니다. 만약 열심히 연습하여 이 수준에 도달하셨다면 아주 큰 박수를 보내드립니다.

님은 이 장의 자가점검 문장을 처음부터 끝까지 1번만 더 소리 내어 읽은 다음에 본격적인 소리 내어 읽기나 리스닝 훈련에 들어가셔도 될 것 같습니다.

PART 06.
파닉스 간단히 끝내기

이 장은 자녀 교육을 목적으로 읽는 학부모님들을 제외하고는 고등학교 1학년 수준 이상의 영어 단어 실력을 갖춘 사람들은 전혀 볼 필요가 없습니다. 그냥 통과하시기 바랍니다.

파닉스(Phonics)의 원래 뜻은 발음에 중점을 두고 언어를 가르치고 배우는 것을 말합니다. 즉 발음을 제대로 배운 뒤에 읽는 법과 쓰는 법을 함께 배우는 것이 파닉스 학습입니다.

그런데 한국에서는 파닉스라는 말이 스펠링만 보고 소리 내어 읽는 법을 배운다는 말이 되어버렸습니다. 거의 완벽한 소리 언어인 한국어는 몇 가지 발음 법칙을 이해하면 모르는 글자도 정확히 소리 내어 읽을 수 있으므로 별도의 파닉스 학습이 필요하지 않습니다.

그런데 상당히 불완전한 소리 언어인 영어는 모르는 글자는 원어민도 정확히 소리 내어 읽을 수도 없으므로 결국 단어들의 정확한 발음을 익혀야 합니다.

모르는 단어들을 정확한 발음으로 익히고 배우다 보면 불완전하기는 하지만 영어도 일종의 소리 언어이기 때문에 어느 정도 파닉스적인 감각이 생겨납니다.

그래서 원어민들은 'cut는 컽ㅌ이지만 put는 풀ㅌ로 읽어야 한다' 정도의 기초적인 파닉스 교육만 받습니다. 따로 파닉스 교육을 심도 있게 시키지 않아도 기초적인 파닉스만 간단히 배우면 뜻과 발음을 아는 단어들이 늘어나면서 일종의 '감'이라고 할 수 있는 파닉스적인 능력이 자연스럽게 형성되기 때문입니다.

예외적으로 난독증 등이 있는 원어민 어린아이 중에서 기초적인 파닉스 감각도 잘 생겨나지 않는 아이들만 조금 깊게 파닉스 공부를 합니다.

즉, 파닉스 공부를 하는 원어민은 발음 능력을 완벽히 갖춘 후 기초적인 파닉스 감각조차도 쉽게 생겨나기 어려운 일부 아이들로 한정되어 있습니다.

그런데 한국으로 넘어온 파닉스 공부는 자연스럽게 파닉스 감각을 키울 수 있는 아이들에게까지 아직 영어 발음 능력조차도 제대로 갖추지 않은 상태에서 아주 깊숙한 수준으로 복잡하게 가르쳐 열심히 암기만 하게 하는 이상한 공부법이 되어버렸습니다.

그러니 한국의 아이들에게 영어는 어렵고 복잡하고 죽어라 암기만 해야 하는 하기 싫은 과목이 되어가고 있습니다.

이제는 이런 말도 안 되는 방법에서 벗어나 정상적이고 이치와 원리에 맞는 학습으로 돌아가야 합니다.

한국의 어린이는

① 영어는 불완전한 소리 언어이기 때문에 먼저 영어 발음기호를 배워야 합니다.

② 영어 발음기호를 떼자마자 곧 영어 발음을 배워야 합니다.

③ 그 뒤에 알파벳을 배워야 합니다.

④ 영어 발음기호를 배우고 영어 발음을 배웠으면 기초적인 영어 단어들을 문자와 발음기호를 보고 읽으면서 소리와 문자와의 관계에 대한 '감각'을 익혀야 합니다. '암기'나 '학습'이 아닌 '감각'을 익혀야 합니다.
(여기까지 과정은 우리가 한국어를 배우는 과정과 똑같습니다. 그리고 전 세계의 모든 언어를 배우는 과정도 동일합니다.)

⑤ 발음기호가 별도로 있을 정도로 불완전한 소리 언어인 영어는 원어민도 파닉스적인 감각이 100% 완벽해질 수는 없기 때문에 한국의 어린이가 아무리 파닉스를 열심히 해도 당연히 그 감각이 완벽해질 수는 없다는 점을 분명히 알아야 합니다.

따라서 모르는 단어가 나올 때마다 발음기호를 보고 정확한 발음을 확인하고 익히는 과정을 반복해야 합니다. 그러면 점점 더 원어민적인 파닉스 '감각'이 발달합니다.

이 책에서는 원리와 이치에 맞게 먼저 발음기호를 배웠고 발음을 익힌 상태에서 깊숙하고 복잡한 파닉스 말고 정상적인 한국인이 할 필요가 있는 기본적인 파닉스만 간단히 해보도록 하겠습니다.

이 책에 나오는 파닉스보다 더 복잡한 파닉스 공부를 하면 영어 실력이 향상되는 것이 아니라 영어에 흥미가 떨어져 오히려 포기하게 될 가능성이 더 큽니다.

사실 여기까지 열심히 공부해 왔다면 이미 어느 정도의 파닉스적인 감각이 쌓여 있을 것입니다.

그러니 이 책에서 나오는 기본 파닉스를 다 외우거나 익힐 필요도 없습니다. 그저 2~3회만 소리 내어 읽어보면 됩니다.

2~3회만 소리 내어 읽어본 뒤 모르는 단어의 스펠링과 발음을 익히는데 시간을 더 투자하는 쪽이 오히려 파닉스적인 감각을 더 빠르게 키우는 데 도움이 될 것입니다.

따라서 고1 수준까지의 단어를 발음과 스펠링을 알고 있다면 이미 충분한 파닉스적인 능력이 쌓여 있기 때문에 이 장을 학습할 필요는 거의 없습니다. 단어 실력이 낮은 분들만 2~3회 소리 내어 읽어보면 파닉스적인 능력 향상에 도움이 될 것이며 모르는 단어의 스펠링을 외우는 데도 도움이 될 것입니다.

학습 방법

① 단어를 보고 발음을 추측해 봅니다.

② 추측이 맞든 틀리든 상관없이 바로 발음기호를 보고 발음기호대로 1번만 소리 내어 발음해 봅니다.

③ 이런 방법으로 끝까지 쭉 나갑니다.

④ 위의 ①과 ②의 방법으로 1번만 더 해봅니다.

⑤ 두 번째 학습할 때 추측이 거의 맞는 것 같으면 이것으로 끝내고 앞으로 다시는 파닉스 공부를 하지 않습니다.

⑥ 두 번째 학습할 때 추측이 많이 틀리는 것 같으면 위의 ①과 ②의 방법으로 1번만 더 해봅니다. 그 결과 추측이 많이 틀리더라도 이것으로 끝내고 앞으로 다시는 파닉스 공부를 하지 않습니다.

파닉스 학습은 예외가 있는 수많은 단순한 공식들을 끝없이 반복해서 외우는 공부이므로 아무리 완벽하게 파닉스 공식을 암기해도 모르는 영어 단어를 스펠링만 보고 정확히 발음할 수 있게 되지는 않습니다. 그것은 원어민도 마찬가지입니다. 그래서 자폐증이 있지 않은 정상적인 사람이 파닉스 공부를 너무 많이 하면 지루하고 지치기만 할 뿐 학습효과가 거의 없으니 파닉스 공부를 지나치게 하지 마시기 바랍니다.

단어	발음기호	한글 발음	뜻
not	[na:t]		~이 아니다
hot	[ha:t]		더운
lot	[la:t]		많이
dot	[da:t]		점
cop	[ka:p]		경찰
pop	[pa:p]		팝뮤직
top	[ta:p]		꼭대기
stop	[sta:p]		멈추다, 그만하다
drop	[dra:p]		떨어뜨리다
crop	[kra:p]		농작물
far	[fa:r]		거리가 먼
car	[ka:r]		자동차
card	[ka:rd]		카드
hard	[ha:rd]		열심히, 힘든
dark	[da:rk]		어두운
park	[pa:rk]		공원
mark	[ma:rk]		마크, 표시
arm	[a:rm]		(신체) 팔
farm	[fa:rm]		농장
star	[sta:r]		별
start	[sta:rt]		시작하다
cart	[ka:rt]		카트, 손수레
dart	[da:rt]		다트, 화살
part	[pa:rt]		파트, 부분
at	[æt]		~에(시간, 장소)
as	[æz]		~만큼, ~처럼
am	[æm]		~이다.
bad	[bæd]		나쁜
dad	[dæd]		아빠

단어	발음기호	한글 발음	뜻
had	[hæd]		have의 과거
pad	[pæd]		패드, 보호대
cat	[kæt]		고양이
bat	[bæt]		박쥐
fat	[fæt]		살찐, 뚱뚱한
hat	[hæt]		모자
pat	[pæt]		토닥 거리다
can	[kæn]		~을 할 수 있다
ban	[bæn]		금지하다
pan	[pæn]		팬, 냄비
van	[væn]		밴, 승합차
cap	[kæp]		모자
map	[mæp]		지도
nap	[næp]		낮잠
gap	[gæp]		갭, 차이
tap	[tæp]		가볍게 두드리다
and	[ænd]		그리고
band	[bænd]		밴드, 악단
hand	[hænd]		손
land	[lænd]		땅, 육지
stand	[stænd]		일어서다
act	[ækt]		행동하다
fact	[fækt]		사실
tact	[tækt]		요령, 눈치
impact	[ˈimpækt]		충격
class	[klæs]		수업, 학급
glass	[glæs]		유리, 유리잔
plan	[plæn]		계획하다
plant	[plænt]		식물

단어	발음기호	한글 발음	뜻
a	[ə]		하나의
an	[ən]		하나의
ago	[əˈgou]		~전에
about	[əˈbaut]		~대하여
along	[əˈlɔːŋ]		~을 따라서, 함께
around	[əˈraund]		~주위에
sir	[səːr]		선생님, 호칭
bird	[bəːrd]		새
birth	[bəːrθ]		출생
birthday	[ˈbəːrθdei]		생일
dirt	[dəːrt]		더러움
dirty	[ˈdəːrti]		더러운
girl	[gəːrl]		소녀
girth	[gəːrθ]		허리둘레
shirt	[ʃəːrt]		셔츠
skirt	[skəːrt]		치마, 스커트
thirty	[ˈθəːrti]		30, 서른
thirsty	[ˈθəːrsti]		목마른
birch	[bəːrtʃ]		자작나무
fur	[fəːr]		모피
burn	[bəːrn]		태우다
burnt	[bəːrnt]		burn의 과거
curb	[kəːrb]		억제하다
curl	[kəːrl]		곱슬머리
curse	[kəːrs]		악담, 욕
curve	[kəːrv]		곡선, 커브
hurt	[həːrt]		아프게 하다
nurse	[nəːrs]		간호사
surf	[səːrf]		파도타기하다

단어	발음기호	한글 발음	뜻
turn	[tə:rn]		돌다
urge	[ə:rdʒ]		재촉하다
surge	[sə:rdʒ]		강한 감정에 휩싸이다
purge	[pə:rdʒ]		숙청하다
up	[ʌp]		~위로
cup	[kʌp]		컵
bus	[bʌs]		버스
but	[bʌt]		그러나
cut	[kʌt]		자르다
run	[rʌn]		달리다
sun	[sʌn]		태양
hub	[hʌb]		허브, 중심지
tub	[tʌb]		빨래통
club	[klʌb]		클럽, 회관
drum	[drʌm]		북, 드럼
plum	[plʌm]		(과일)자두
bed	[bed]		침대
red	[red]		빨간색
pen	[pen]		펜
hen	[hen]		암탉
end	[end]		끝
bend	[bend]		구부리다
lend	[lend]		빌려주다
send	[send]		보내다
tent	[tent]		텐트, 천막
bent	[bent]		bend의 과거
sent	[sent]		send의 과거
tell	[tel]		말하다
sell	[sel]		팔다

단어	발음기호	한글 발음	뜻
hell	[hel]		지옥
bell	[bel]		종
head	[hed]		머리
dead	[ded]		죽은
deadly	[ˈdedli]		생명을 빼앗는, 치명적인
death	[deθ]		죽음
deaf	[def]		청각 장애의
bread	[bred]		빵
spread	[spred]		펼치다
thread	[θred]		실
threat	[θret]		협박
health	[helθ]		건강
healthy	[ˈhelθi]		건강한
wealth	[welθ]		재산
wealthy	[ˈwelθi]		재산이 많은
heavy	[ˈhevi]		무거운
ready	[ˈredi]		준비된
in	[in]		~안에
if	[if]		만약 ~한다면
it	[it]		그것
sit	[sit]		앉다
bit	[bit]		조금, 약간
hit	[hit]		치다, 때리다
fit	[fit]		제자리에 끼우다
big	[big]		큰
pig	[pig]		돼지
pin	[pin]		핀
bin	[bin]		쓰레기통
sin	[sin]		죄

단어	발음기호	한글 발음	뜻
tip	[tip]		팁
sip	[sip]		홀짝거리며 마시다
trip	[trip]		여행
clip	[klip]		클립
hint	[hint]		힌트
mint	[mint]		박하, 박하향
print	[print]		인쇄하다
sprint	[sprint]		단거리 달리기
sprinter	[ˈsprintər]		달리기 선수
ill	[il]		아픈
fill	[fil]		가득차다
hill	[hil]		언덕
till	[til]		~까지
kill	[kil]		죽이다
bill	[bil]		계산서
pill	[pil]		알약
drill	[dril]		(기계)드릴
thrill	[θril]		흥분, 전율
thriller	[ˈθrilər]		쓰릴러 영화
spirit	[ˈspirit]		정신, 영혼
see	[si:]		보다
meet	[mi:t]		만나다
feel	[fi:l]		느끼다
keep	[ki:p]		유지하다
need	[ni:d]		필요하다
deep	[di:p]		깊은
seek	[si:k]		추구하다
peek	[pi:k]		훔쳐보다
speed	[spi:d]		속도

단어	발음기호	한글 발음	뜻
sleep	[sli:p]		잠자다
free	[fri:]		자유로운
tree	[tri:]		나무
street	[stri:t]		거리
green	[gri:n]		녹색
creep	[kri:p]		살금살금 걷다
bleed	[bli:d]		피를 흘리다
eat	[i:t]		먹다
east	[i:st]		동쪽
easy	[ˈi:zi]		쉬운
tea	[ti:]		차
lead	[li:d]		인도하다
leaf	[li:f]		나뭇잎
leave	[li:v]		떠나다
meat	[mi:t]		고기
peace	[pi:s]		평화
read	[ri:d]		읽다
sea	[si:]		바다
seat	[si:t]		좌석
speak	[spi:k]		말하다
team	[ti:m]		팀, 부
weak	[wi:k]		연약한
clean	[kli:n]		깨끗한
cream	[kri:m]		크림
dream	[dri:m]		꿈
all	[ɔ:l]		모두
ball	[bɔ:l]		공
call	[kɔ:l]		부르다, 전화하다
hall	[hɔ:l]		홀

단어	발음기호	한글 발음	뜻
fall	[fɔ:l]		가을/떨어지다
mall	[mɔ:l]		쇼핑몰
small	[smɔ:l]		작은
tall	[tɔ:l]		키가 큰
more	[mɔ:r]		더많은
bore	[bɔ:r]		지루하게 하다
sore	[sɔ:r]		아픈
tore	[tɔ:r]		tear(찢다)의 과거
store	[stɔ:r]		가게
core	[kɔ:r]		핵심
score	[skɔ:r]		점수
snore	[snɔ:r]		코를 골다
ignore	[igˈnɔ:r]		무시하다
before	[biˈfɔ:r]		이전에
book	[buk]		책
cook	[kuk]		요리하다
foot	[fut]		발
good	[gud]		좋은
look	[luk]		보다
too	[tu:]		~도 역시
cool	[ku:l]		시원한
food	[fu:d]		음식
fool	[fu:l]		어리석은
moon	[mu:n]		달
roof	[ru:f]		지붕
room	[ru:m]		방
soon	[su:n]		곧
spoon	[spu:n]		숟가락, 스푼
school	[sku:l]		학교

단어	발음기호	한글 발음	뜻
by	[bai]		~옆에
my	[mai]		나의
cry	[krai]		울다
dry	[drai]		말리다
try	[trai]		노력하다
fly	[flai]		날다
sky	[skai]		하늘
ice	[ais]		얼음
nice	[nais]		친절한, 좋은
mice	[mais]		mouse(생쥐)의 복수: 생쥐들
rice	[rais]		쌀
price	[prais]		가격
slice	[slais]		한 조각, 얇은 조각
vice	[vais]		범죄, 악행
advice	[ədˈvais]		조언
dice	[dais]		주사위
hide	[haid]		감추다
ride	[raid]		타다
pride	[praid]		자부심, 긍지
bide	[baid]		때를 기다리다
tide	[taid]		밀물과 썰물
side	[said]		옆, 옆면
slide	[slaid]		넘어지다
beside	[biˈsaid]		옆에
fine	[fain]		좋은
pine	[pain]		솔, 소나무
line	[lain]		선
mine	[main]		나의 것
bine	[bine]		(식물의)덩굴

단어	발음기호	한글 발음	뜻
vine	[vain]		포도나무
shine	[ʃain]		빛나다
find	[faind]		찾다
kind	[kaind]		친절한
mind	[maind]		마음
hind	[haind]		뒤쪽의
behind	[biˈhaind]		뒤쪽에
bind	[baind]		묶다
bike	[baik]		자전거
like	[laik]		좋아하다
mike	[maik]		마이크
hike	[haik]		하이킹하다
spike	[spaik]		스파이크, 못
strike	[straik]		맞추다
hi	[hai]		안녕
high	[hai]		높은
sigh	[sai]		한숨을 쉬다
right	[rait]		옳은, 오른쪽
bright	[brait]		밝은, 영리한
fight	[fait]		싸우다
night	[nait]		밤
tonight	[tuˈnait]		오늘밤
light	[lait]		불, 라이트
sight	[sait]		시력
might	[mait]		may의 과거(~였을 지도 모른다)
tight	[tait]		단단한
ire	[aiər]		분노
fire	[faiər]		불, 해고하다
hire	[haiər]		고용하다

단어	발음기호	한글 발음	뜻
tire	[taiər]		타이어
sire	[saiər]		폐하
wire	[waiər]		와이어, 전선
tired	[taiərd]		피곤한
fired	[faiərd]		해고된
hired	[haiərd]		고용된
out	[aut]		~밖으로
about	[əˈbaut]		~대하여
sound	[saund]		소리
round	[raund]		둥근
around	[əˈraund]		~주위에
ground	[graund]		땅, 운동장
house	[haus]		집
count	[kaunt]		세다, 헤아리다
loud	[laud]		큰소리의
cloud	[klaud]		흐린
how	[hau]		어떻게
bow	[bau]		절하다
cow	[kau]		암소
now	[nau]		지금
down	[daun]		아래
town	[taun]		도시
brown	[braun]		갈색
our	[auər]		우리의
hour	[auər]		시간
flour	[flauər]		밀가루
flower	[ˈflauər]		꽃
plower	[plauər]		(옛날 말)농부
power	[pauər]		힘

단어	발음기호	한글 발음	뜻
empower	[imˈpauər]		권한을 주다
tower	[tauər]		탑
shower	[ʃauər]		샤워
day	[dei]		날
pay	[pei]		(돈을)지불하다
may	[mei]		~일지도 모른다
say	[sei]		말하다
way	[wei]		방법, 길
hay	[hei]		마른 풀
lay	[lei]		바닥에 깔다
play	[plei]		게임하다
gray	[grei]		회색
stay	[stei]		머물다
cake	[keik]		케잌
bake	[beik]		빵을 굽다
fake	[feik]		가짜의
lake	[leik]		호수
make	[meik]		만들다
take	[teik]		잡다, 가지고 오다
wake	[weik]		잠깨다
snake	[sneik]		뱀
date	[deit]		날짜, 데이트
gate	[geit]		출입문, 게이트
hate	[heit]		미워하다
bate	[ˈbeit]		줄이다
late	[leit]		늦은
mate	[meit]		친구, 짝
fate	[feit]		운명
rate	[reit]		비율

단어	발음기호	한글 발음	뜻
skate	[skeit]		스케이트
race	[reis]		경주
face	[feis]		얼굴
pace	[peis]		걸음, 보폭
space	[speis]		공간, 우주
grace	[greis]		우아함
trace	[treis]		추적하다
brace	[breis]		치아 교정기
lace	[leis]		(옷의)레이스
place	[pleis]		장소
same	[seim]		똑같은
name	[neim]		이름
game	[geim]		게임, 놀이
came	[keim]		come의 과거
tame	[teim]		길들이다
fame	[feim]		명성
rain	[rein]		비가 오다
train	[trein]		기차
rail	[reil]		철도 레일
trail	[treil]		자취, 흔적
fail	[feil]		실패하다
mail	[meil]		우편
nail	[neil]		손톱
tail	[teil]		꼬리
paint	[peint]		페인트
faint	[feint]		기절하다
saint	[seint]		성자, 성인
wait	[weit]		기다리다
faith	[feiθ]		신념

단어	발음기호	한글 발음	뜻
paid	[peid]		pay의 과거
raid	[reid]		습격, 급습
afraid	[əˈfreid]		두려운
go	[gou]		가다
so	[sou]		그래서
old	[ould]		늙은
cold	[kould]		추운, 감기
gold	[gould]		금
hold	[hould]		잡다
fold	[fould]		접다
hole	[houl]		구멍
home	[houm]		가정
hope	[houp]		바라다
hose	[houz]		호스
post	[poust]		기둥
note	[nout]		노트, 공책
stone	[stoun]		돌
roll	[roul]		구르다
poll	[poul]		투표
rose	[rouz]		장미
bow	[bou]		활
rainbow	[ˈreinbou]		무지개
low	[lou]		낮은
blow	[blou]		불다, 바람에 날리다
bowl	[boul]		밥그릇
grow	[grou]		자라다
know	[nou]		알다
slow	[slou]		천천히, 느린
snow	[snou]		눈

단어	발음기호	한글 발음	뜻
throw	[θrou]		던지다
follow	[ˈfa:lou]		뒤따르다
narrow	[ˈnærou]		좁아지다
boat	[bout]		보트, 배
coat	[kout]		겉옷, 코트
goal	[goul]		골, 득점
load	[loud]		짐 화물
road	[roud]		길
soap	[soup]		비누
float	[flout]		떠다니다
throat	[θrout]		목, 목구멍
coast	[koust]		해안
toast	[toust]		토스트 빵
boast	[boust]		뽐내다
boy	[bɔi]		소년
joy	[dʒɔi]		기쁨
toy	[tɔi]		장난감
soy	[sɔi]		(식물)콩
join	[dʒɔin]		참가하다
coin	[kɔin]		동전
point	[pɔint]		점, 점수
noise	[nɔiz]		소음
oil	[ɔil]		석유
boil	[bɔil]		끓다
coil	[kɔil]		전선
foil	[fɔil]		알루미늄 포장지
toil	[tɔil]		고역, 고생
choice	[tʃɔis]		선택
air	[eər]		공기

단어	발음기호	한글 발음	뜻
airport	[ˈeərpɔ:rt]		공항
chair	[tʃeər]		의자
fair	[feər]		공정한
hair	[heər]		머리카락
pair	[ˈpeər]		짝(한 켤레, 한 벌, 한 쌍 등)
stair	[ˈsteər]		계단
care	[keər]		관심을 갖다
rare	[reər]		드문
ware	[weər]		제품
share	[ʃeər]		공유하다
stare	[steər]		응시하다
scare	[skeər]		두려워하다
ear	[iər]		귀
hear	[hiər]		듣다
near	[niər]		가까이
year	[jiər]		해, 년
fear	[fiər]		두려움
tear	[tiər]		눈물
few	[fju:]		많지 않은
new	[nju:]		새로운
knew	[nju:]		알았다(know [nou] 알다)의 과거
dew	[dju:]		이슬
hew	[hju:]		잘라내다
pew	[pju:]		긴 나무의자
cute	[kju:t]		귀여운
mute	[mju:t]		말없는
muse	[mju:z]		예술의 신
music	[ˈmju:zik]		음악
cube	[kju:b]		정육면체

단어	발음기호	한글 발음	뜻
tube	[tju:b]		튜브, 관
huge	[hju:dʒ]		거대한
use	[ju:z]		사용하다
usual	[ˈju:ʒuəl]		보통은
yes	[jes]		예(긍정의 대답)
yet	[jet]		아직
yesterday	[ˈjestərdei]		어제
yellow	[ˈjelou]		노란색
will	[wil]		~할 것이다
win	[win]		이기다
wind	[wind]		바람
swim	[swim]		수영하다
swing	[swiŋ]		날다
wet	[wet]		젖다
west	[west]		서쪽
week	[wi:k]		일주일
sweet	[swi:t]		달콤한
wall	[wɔ:l]	월	벽
walk	[wɔ:k]	워ㅋ	걷다
want	[wɔ:nt]	원트	원하다
water	[ˈwɔ:tər]	워터r	물
word	[wə:rd]	워rㄷ	단어, 말
work	[wə:rk]	워rㅋ	일하다
world	[wə:rld]		세계, 세상
when	[wen]		언제
why	[wai]		왜
what	[wa:t]		무엇
white	[wait]		하얀
which	[witʃ]		어떤 것

단어	발음기호	한글 발음	뜻
write	[rait]		쓰다
writer	[ˈraitər]		작가
wrote	[rout]		write의 과거
wrong	[rɔːŋ]		잘못된
wrist	[rist]		손목
wrap	[ræp]		싸다, 포장하다
wreck	[rek]		난파선
phone	[foun]		전화
telephone	[ˈteləfoun]		전화
photo	[ˈfoutou]		사진
phonics	[ˈfaːniks]		파닉스, 발음 중심의 어학 교수법
physical	[ˈfizikəl]		육체적인
dolphin	[ˈdaːlfin]		돌고래
enough	[iˈnʌf]		충분한
laugh	[læf]		웃다
tough	[tʌf]		거친
cough	[kɔːf]		기침
king	[kiŋ]		왕
hiking	[ˈhaikiŋ]		하이킹, 도보여행
sing	[siŋ]		노래하다
wing	[wiŋ]		날개
thing	[θiŋ]		물건, 사물
ring	[riŋ]		반지, 울리다
bring	[briŋ]		가지고 오다
spring	[spriŋ]		봄
long	[lɔːŋ]		(길이가)길다
song	[sɔːŋ]		노래
strong	[strɔːŋ]		강한, 힘이 센
wrong	[rɔːŋ]		잘못된

단어	발음기호	한글 발음	뜻
along	[əˈlɔːŋ]		~을 따라서, 함께
ink	[iŋk]		잉크
link	[liŋk]		접속시키다
pink	[piŋk]		분홍색
drink	[driŋk]		마시다
sink	[siŋk]		가라앉다
sank	[sæŋk]		sink의 과거
tank	[tæŋk]		탱크
bank	[bæŋk]		은행
thank	[θæŋk]		감사하다
think	[θiŋk]		생각하다
three	[θriː]		3, 셋
bath	[bæθ]		목욕
path	[pæθ]		길
mouth	[mauθ]		입
south	[sauθ]		남쪽
this	[ðis]		이것
then	[ðen]		그리고나서, 그때
they	[ðei]		그들
that	[ðæt]		저것
than	[ðæn]		~ 보다
with	[wið]		~와, 함께
other	[ˈʌðər]		다른
mother	[ˈmʌðər]		어머니
brother	[ˈbrʌðər]		형제, 남동생
father	[ˈfaːðər]		아버지
ship	[ʃip]		배
sheep	[ʃiːp]		양
sheet	[ʃiːt]		장(얇은 종이 세는 단위)

단어	발음기호	한글 발음	뜻
dish	[dɪʃ]		접시
fish	[fɪʃ]		물고기
finish	[ˈfɪnɪʃ]		끝나다
fresh	[freʃ]		신선한
brush	[brʌʃ]		붓
check	[tʃek]		확인하다
chat	[tʃæt]		채팅하다
chance	[tʃæns]		기회
cheese	[tʃiːz]		치즈
choose	[tʃuːz]		선택하다
bench	[bentʃ]		의자, 벤치
much	[mʌtʃ]		많은
lunch	[lʌntʃ]		점심
march	[maːrtʃ]		5월, 행진곡
catch	[kætʃ]		잡다
stretch	[stretʃ]		스트레칭 하다
switch	[swɪtʃ]		스위치
pitch	[pɪtʃ]		공을 던지다
ditch	[dɪtʃ]		배수로
job	[dʒaːb]		일, 직업
jump	[dʒʌmp]		점프, 뛰어오르다
jungle	[ˈdʒʌŋgl]		정글
just	[dʒʌst]		단지
join	[dʒɔin]		참가하다
age	[eidʒ]		나이
page	[peidʒ]		쪽, 페이지
cage	[keidʒ]		새장
large	[laːrdʒ]		큰
bridge	[brɪdʒ]		다리

단어	발음기호	한글 발음	뜻
dodge	[daːdʒ]		휙 움직이다
edge	[edʒ]		가장자리
judge	[dʒʌdʒ]		판사
nudge	[nʌdʒ]		쿡 찌르다
begin	[biˈgin]		시작하다
before	[biˈfɔːr]		~전에
behind	[biˈhaind]		~뒤에
beside	[biˈsaid]		~옆에
below	[biˈlou]		~아래쪽에
between	[biˈtwiːn]		~사이에(둘일때)
kick	[kik]		~을 차다
pick	[pik]		줍다
sick	[sik]		아픈
stick	[stik]		찌르다, 고착시키다
duck	[dʌk]		오리
luck	[lʌk]		행운
truck	[trʌk]		트럭
rock	[raːk]		바위
sock	[saːk]		양말
lock	[laːk]		잠그다
clock	[klaːk]		시계
summer	[ˈsʌmər]		여름
butter	[ˈbʌtər]		버터
number	[ˈnʌmbər]		숫자, 번호
under	[ˈʌndər]		~아래에
letter	[ˈletər]		편지
center	[ˈsentər]		중앙
sister	[ˈsistər]		여형제, 언니, 누나
winter	[ˈwintər]		겨울

단어	발음기호	한글 발음	뜻
know	[nou]		알다
knock	[na:k]		노크하다
knob	[na:b]		손잡이
knot	[na:t]		매듭
knee	[ni:]		무릎
kneel	[ni:l]		무릎을 꿇다
knit	[nit]		뜨개질하다
copy	[ˈka:pi]		복사하다
party	[ˈpa:rti]		파티
happy	[ˈhæpi]		행복한
candy	[ˈkændi]		사탕
carry	[ˈkæri]		나르다
study	[ˈstʌdi]		공부하다
city	[ˈsiti]		도시

PART 07.
심화 훈련

이 장은 ① 기본 발음을 완전히 익힌 후 오랫동안 소리 내 읽기나 스피킹을 많이 해서 부드러운 발음을 이미 가지고 있어서 더욱더 원어민에 가까운 발음을 익히고 싶은 분 ② 시간의 여유가 많이 있는 분 ③ 기타 개인적인 필요에 의해서 원어민식 발음을 배울 필요가 있는 분들을 위한 코너입니다.

따라서 기본 발음도 완전히 익히지 않은 분들이나 시간의 여유가 충분하지 않은 분들은 이 장은 그냥 통과하시고 듣고 소리 내 읽기를 충분히 해서 100% 귀뚫기를 완성한 후에 필요할 때 연습하시기 바랍니다.

각각의 발음이 상당히 달라도 영국인과 호주인 그리고 미국인은 서로 의사소통을 하는 데 전혀 어려움이 없습니다. 그리고 발음이 많이 달라도 영어에 능통한 인도인, 러시아인들도 영어 원어민과 전혀 불편 없이 의사소통을 합니다.

영국인이나 영어에 능통한 러시아인이 미국에 몇 년을 살아도 미국 원어민과는 여전히 발음이 차이가 납니다. 그러나 아주 특별한 사정이 없는 한 그들이 미국 원어민과 비슷한 발음을 가지려고 일부러 죽어라 발음 연습을 하는 경우는 거의 없습니다.

엄격한 음성학적인 의미에서 보면 한국어와 똑같은 영어 발음은 하나도 없습니다. 그러나 러시아어 발음 냄새가 물씬 풍기는 러시아인의 영어를 원어민들이 듣고 잘 이해하듯이 앞에서 배운 기본 발음만 정확히 숙달한다면 마찬가지로 여러분의 영어 발음을 듣고 원어민들이 잘 이해할 것이며 러시아인의 영어보다 원어민이 듣기에 훨씬 더 부드러운 발음입니다. 미국이나 캐나다 영국 등에서 사는 저의 여러 제자들을 통해서 이미 검증이 끝난 결과입니다.

여기서 소개하는 발음들은 앞에서 기타 발음으로 소개한 발음들입니다. 한국어식 기타 발음들은 영어와 똑같은 발음은 아니지만 원어민이 듣고 이해하는 데 전혀 문제가 없는 발음입니다. 한국어식으로 기타 발음을 익혀도 영어를 많이 듣고 영어로 많이 말해보면 점점 원어민과 비슷한 발음이 생겨납니다. 서울 사람이 부산에서 한 십 년 살면 자기도 모르게 부산 억양과 사투리를 쓰게 되는 이치와 같습니다.

따라서 원어민이 듣고 잘 이해하는 발음들은 한국어 발음으로 간단하게 익히고 실제로 영어 스피킹 연습을 하는 데 더 많은 시간을 쓰시기 바랍니다. 그러면 별도로 원어민식 발음을 익히지 않아도 "외국에서 살다 오셨나요?"라는 말을 듣게 될 것입니다.

그래도 원어민식 영어 발음을 꼭 배우고 싶은 분들을 위하여 이 코너를 마련하였으니 앞장의 기본 발음을 확실하게 마스터한 후에 이 심화 훈련 코너를 이용하여 원어민식 발음을 익히시기 바랍니다.

01 기타 자음

01 [j]

[j] 발음기호는 사전에 따라서 [y]로 표시되기도 합니다. [j] 소리는 '이'와 비슷한 소리이기 때문에 모음인 것 같지만 자음입니다.

우리는 보통 'new [njuː]' 발음을 '뉴'라고 발음하고 그렇게 발음해도 원어민이 100% 알아듣습니다. 그러나 원어민들은 'new [njuː]' 발음을 '니우'처럼 발음합니다. '니우'처럼 발음하지만 빠르게 1음절로 발음하기 때문에 '뉴'처럼 들리고 그 차이가 크지 않기 때문에 우리가 '뉴'라고 발음해도 알아듣는 것입니다.

원어민의 [j] 발음은 기본적으로 앞에서 배운 [iː]와 비슷하지만 조금 차이가 나는 발음입니다.

발음 요령

① 앞에서 배운 [iː]발음처럼 위쪽의 양 어금니가 다 보일 정도로 입술을 양옆으로 벌립니다.

② 혀끝은 앞의 [t], [d], [l] 발음 때 배운 치경 바로 밑에 둡니다. 혀끝을 치경과 1밀리미터쯤 떨어진 곳에 닿을 듯 말 듯 한 곳에 둡니다.

③ 한국어 '이'에 가까운 소리를 내자마자 빠르게 뒤에 오는 모음을 발음합니다.

④ yes [jes]('이에ㅆ')를 빠르게 발음하여 거의 '예ㅆ'처럼 들리도록, new [njuː] ('니우')를 빠르게 발음하여 거의 '뉴'처럼 들리도록, young [jʌŋ]('이엉')을 빠르게 발음하여 거의 '영'처럼 들리도록 발음하면 됩니다.

단어 발음 연습 (음원 07_01_01)

단어	발음기호	뜻
yes	[jes]	예(긍정의 대답)
yet	[jet]	아직
you	[juː]	너, 당신
use	[juːz]	사용하다
cute	[kjuːt]	귀여운
music	[ˈmjuːzik]	음악
few	[fjuː]	많지 않은
new	[njuː]	새로운
young	[jʌŋ]	젊은
year	[jiər]	해, 년

02 [w]

[w] 소리는 한국어 '위', '웨', '워'와 같은 복모음을 만드는 소리로 한국어 '우'와 조금 비슷한 소리입니다. 그래서 모음인 것 같지만 자음입니다.

발음 요령

① 앞에서 배운 [uː] 발음과 똑같이 휘파람을 불 때처럼 입술을 둥글게 모아서 앞으로 내밉니다.

② 그 상태에서 입술을 빠르게 벌리며 터트리듯이 '우' 소리를 내자마자 빠르게 뒤에 오는 모음을 발음합니다.

③ win [win]('우인')을 빠르게 발음하여 거의 '윈'처럼 들리도록 well [wel]('우엘')을 빠르게 발음하여 거의 '웰'처럼 들리도록 wake [weik]('우웨이ㅋ')을 빠르게 발음하여 거의 '웨이ㅋ'처럼 1음절로 들리도록 quick [kwik]('쿠이ㅋ')을 빠르게 발음하여 거의 '퀵ㅋ'처럼 1음절로 들리도록 발음하면 됩니다.

단어 발음 연습 (🎧 음원 07_01_02)

단어	발음기호	뜻
wing	[wiŋ]	날개
win	[win]	이기다
winter	[ˈwintər]	겨울
with	[wið]	~와, 함께
what	[wa:t]	무엇
when	[wen]	언제
which	[witʃ]	어떤 것
where	[weər]	어디
why	[wai]	왜
while	[wail]	~하는 동안에
wide	[waid]	넓은
wild	[waild]	야생의
well	[wel]	잘
wake	[weik]	잠깨다
wave	[weiv]	파도, 물결
waste	[weist]	낭비하다

03 [ʒ]

[ʒ] 소리는 앞에서 배운 [ʃ] 소리와 모든 것이 같은 소리이고 다만 유성음(진동음)인 점이 다를 뿐입니다.

발음 요령

1) 앞에서 배운 [ʃ] 소리와 똑같은 입 모양을 합니다.

① 윗니와 아랫니를 0.5센티미터쯤 뗍니다.

② 반드시 거울을 보고 윗니 4개와 아랫니 4개가 다 보이는 입모양을 한 상태에서 윗입술을 조금 위로 더 올려줍니다. 사람에 따라서는 아무리 해도 윗니 4개와 아랫니 4개가 다 보이지 않을 수도 있습니다. 그런 경우 전체적인 입 모양을 위와 비슷한 형태를 갖추면 됩니다.
(윗입술과 아랫입술의 전체 모양이 사각형에 조금이라도 가까운 모양이 되도록 하고 윗입술을 조금 더 위로 올려주면 됩니다.)

[ʃ] [ʃ]

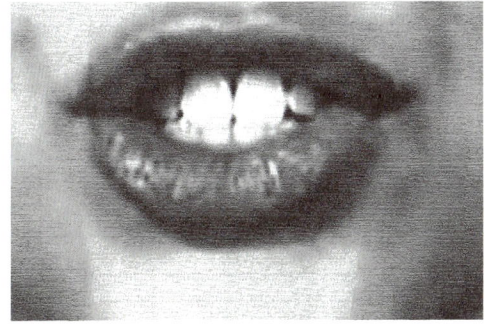 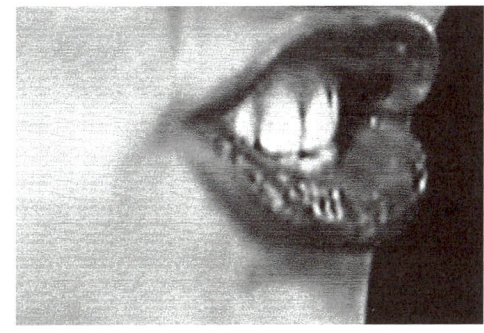

③ 아랫니와 아랫잇몸이 만나는 곳에 혀끝을 댑니다.

2) 의자에서 등을 떼고 허리를 꼿꼿하게 세운 상태에서 아랫배에 힘을 단단히 주고 아랫배에서부터 공기를 끌어올려서 강하고 길게 '쥐-' 하고 소리를 냅니다.

3) 몇 차례 연습하여 제대로 소리가 나면 입 모양과 혀의 위치를 같이 한 상태에서 길게 'ㅈ-' 하고 소리를 내어 모음인 'ㅟ' 발음을 제거하여 자음인 'ㅈ-' 소리만 나게 합니다.

주의사항

[ʒ]는 유성음이며 자음입니다. 따라서 beige [beiʒ], rouge [ruːʒ] 같이 [ʒ]로 끝나는 단어를 연습할 때 모음인 'ㅟ'를 제거하여 '베이ㅈ-', '루-ㅈ-'처럼 음절에 맞게 정확히 발음하여야 합니다.

단어 발음 연습 (음원 07_01_03)

단어	발음기호	뜻
beige	[beiʒ]	베이지색
rouge	[ruːʒ]	루즈, 입술연지
usual	[ˈjuːʒuəl]	보통은
casual	[ˈkæʒjuəl]	캐주얼의, 평상복의
visual	[ˈviʒuəl]	시각적인
vision	[ˈviʒən]	비젼
television	[ˈteləviʒən]	텔레비젼
decision	[diˈsiʒən]	결정, 판단
occasion	[əˈkeiʒən]	경우
invasion	[inˈveiʒən]	침입
collision	[kəˈliʒən]	충돌
division	[diˈviʒən]	분할
explosion	[ikˈsplouʒən]	폭발
pleasure	[ˈpleʒər]	즐거움
treasure	[ˈtreʒər]	보물
measure	[ˈmeʒər]	(크기 등을)재다

04 [tʃ], [dʒ]

[tʃ], [dʒ]는 [s]와 [z]처럼 모든 것이 똑같고 [tʃ]는 무성음이고 [dʒ]는 유성음인 점만 다릅니다.

[tʃ], [dʒ] 소리는 한국어 '취', '쥐'와 거의 비슷한 소리입니다. 다만 한국어 '취', '쥐'에는 모음 'ㅟ'가 들어가 있어서 조금 다를 뿐입니다. 그러나 한국발음으로 '취', '쥐' 하고 짧게 발음하거나 한국어 'ㅊ', 'ㅈ'으로 짧게 발음해도 원어민은 100% 알아듣습니다.

발음기호 [tʃ], [dʒ]에서 [t], [d]는 발음을 시작할 때 혀끝의 위치와 호흡 방법을 나타내고 [ʃ], [ʒ]는 입술의 모양을 나타냅니다.

따라서 입 모양을 [ʃ](= [ʒ])와 똑같이 하되 [t](= [d])와 같은 곳에 혀끝을 대고 터트리듯이 짧게 발음해주면 됩니다.

발음 요령

[tʃ]

1) 앞에서 배운 [ʃ] 소리와 똑같은 입 모양을 합니다.

① 윗니와 아랫니를 0.5센티미터쯤 뗍니다.

② 반드시 거울을 보고 윗니 4개와 아랫니 4개가 다 보이는 입모양을 한 상태에서 윗입술을 조금 위로 더 올려줍니다.
사람에 따라서는 아무리 해도 윗니 4개와 아랫니 4개가 다 보이지 않을 수도 있습니다. 그런 경우 전체적인 입 모양을 위와 비슷한 형태를 갖추면 됩니다.
(윗입술과 아랫입술의 전체 모양이 사각형에 조금이라도 가까운 모양이 되도록 하고 윗입술을 조금 더 위로 올려주면 됩니다.)

2) 혀끝을 [t]처럼 치경에 대고 잠시 숨을 멈춰 입안의 공기 압력을 높인 후에 터트리듯이 한국어 '취' 하고 짧게 소리를 냅니다.

3) 몇 차례 연습하여 제대로 소리가 나면 입 모양과 혀의 위치를 같이 한 상태에서 짧게 'ㅊ' 소리를 내어 모음인 'ㅟ' 발음을 제거하여 자음인 'ㅊ' 소리만 나게 합니다.

4) [tʃ]는 무성음입니다. 따라서 성대에 손끝을 대고 [tʃ]를 발음하면 성대가 떨리지 않아야 합니다. 성대에 손끝을 대고 성대가 떨리지 않도록 유성음인 모음 'ㅟ'를 넣지 않고 'ㅊ' 소리만 짧게 내도록 몇 차례 연습해 봅니다.

[dʒ]

1) 앞에서 배운 [ʒ] 소리와 똑같은 입 모양을 합니다.

① 윗니와 아랫니를 0.5센티미터쯤 뗍니다.

② 반드시 거울을 보고 윗니 4개와 아랫니 4개가 다 보이는 입모양을 한 상태에서 윗입술을 조금 위로 더 올려줍니다.
사람에 따라서는 아무리 해도 윗니 4개와 아랫니 4개가 다 보이지 않을 수도 있습니다. (윗입술과 아랫입술의 전체 모양이 사각형에 조금이라도 가까운 모양이 되도록 하고 윗입술을 조금 더 위로 올려주면 됩니다.)

2) 혀끝을 [d]처럼 치경에 대고 잠시 숨을 멈춰 입안의 공기 압력을 높인 후에 터트리듯이 한국어 '쥐' 하고 짧게 소리를 냅니다.

3) 몇 차례 연습하여 제대로 소리가 나면 입 모양과 혀의 위치를 같이 한 상태에서 짧게 'ㅈ' 소리를 내어 모음인 'ㅟ' 발음을 제거하여 자음인 'ㅈ' 소리만 나게 합니다.

단어 발음 연습 (음원 07_01_04~05)

[tʃ]

단어	발음기호	뜻
chair	[tʃeər]	의자
cheap	[tʃi:p]	싼, 싸구려의
cheese	[tʃi:z]	치즈
chance	[tʃæns]	기회
choice	[tʃɔis]	선택
each	[i:tʃ]	각자
much	[mʌtʃ]	많은
rich	[ritʃ]	부자의
teach	[ti:tʃ]	가르치다
church	[tʃə:rtʃ]	교회

[dʒ]

단어	발음기호	뜻
jaw	[dʒɔ:]	턱
joy	[dʒɔi]	기쁨
join	[dʒɔin]	참가하다
job	[dʒa:b]	일, 직업
joke	[dʒouk]	조크, 농담
age	[eidʒ]	나이
page	[peidʒ]	쪽, 페이지
large	[la:rdʒ]	큰
judge	[dʒʌdʒ]	판사
change	[tʃeindʒ]	변화

05 [h]

[h] 소리는 한국어 'ㅎ'과 거의 똑같은 소리입니다. 따라서 한국발음 'ㅎ'으로 발음해도 원어민이 100% 알아듣습니다.

그런데 한국발음 'ㅎ'은 입 안쪽에서 나는 소리이지만 영어의 [h] 소리는 목 안에서부터 공기의 흐름을 타고 올라오는 소리입니다.

사전 연습

① 성대에 손끝을 대고 한국발음 '흐'를 목 안에서부터 소리를 내되 성대가 떨리지 않도록 3회만 발음해 봅니다. 성대가 떨리면 여러 차례 반복하여 성대가 떨리지 않도록 연달아 3번 소리가 나올 때까지 연습합니다. 이때 나는 'ㅎ'에 해당하는 소리가 영어의 [h] 소리입니다.
유성음인 모음 'ㅡ'가 들어갔는데도 성대가 떨리지 않습니다. 직접 느꼈듯이 영어의 [h] 소리는 뒤에 오는 모든 모음(모음은 모두 유성음임)을 무성음으로 바꾸는 소리입니다.

② 이번에는 성대에 손끝을 대고 한국발음 '하'를 목 안에서부터 소리를 내되 성대가 떨리지 않도록 5회만 발음해 봅니다. 성대가 떨리면 여러 차례 반복하여 성대가 떨리지 않도록 연달아 5번 소리가 나올 때까지 연습합니다.

③ 이번에는 성대에 손끝을 대고 한국발음 '하-아'를 목 안에서부터 소리를 내되 '하'를 발음할 때는 성대가 떨리지 않고 '아'를 발음할 때는 성대가 떨리도록 5회만 발음해 봅니다. 지시한 대로 연달아 5번 소리가 나올 때까지 연습합니다.
직접 느꼈듯이 [h] 소리 뒤에 오는 모든 모음(모음은 모두 유성음임)은 무성음으로 시작하여 유성음으로 바뀝니다.

발음 요령

① 성대에 손끝을 대고 성대가 떨리지 않도록 목 안 깊은 곳에서부터 'ㅎ' 소리를 냅니다.

② 바로 이어서 유성음인 모음의 소리를 냅니다.

참고사항

[h] 소리는 입에서 나는 소리가 아니라 목 안에서 공기를 타고 나오는 소리라서 연음 현상에 의해서 공기처럼 [h] 소리가 사라져버리는 경우가 자주 발생합니다.

예를 들면 원어민들은 look her [luk hə:r]를 [lukə:r]로, meet her [mi:t hə:r]를 [mi:tə:r]로, take him [teik him]을 [teik im]으로 like him [laik him]을 [laikim]으로 발음하는 경우가 많습니다.

단어 발음 연습 (음원 07_01_06)

단어	발음기호	뜻
hi	[hai]	안녕
hire	[haiər]	고용하다
hair	[heər]	머리카락
how	[hau]	어떻게
hard	[ha:rd]	열심히, 힘든
heart	[ha:rt]	심장
harm	[ha:rm]	해치다
hide	[haid]	감추다
hind	[haind]	뒤쪽의
behind	[biˈhaind]	뒤쪽에
hot	[ha:t]	더운, 뜨거운
hall	[hɔ:l]	홀

06 [k], [g]

[k], [g] 소리는 한국어 'ㅋ', 'ㄱ'과 아주 비슷한 소리로서 한국어 발음 'ㅋ', 'ㄱ'으로 발음해도 원어민이 100% 알아듣습니다.

원어민의 [k], [g] 소리는 모두 터트리듯이 발음하는 파열음으로 [k]는 무성음이고 [g]는 유성음인 점만 다를 뿐 발음하는 방법은 거의 비슷한 소리입니다.

사전 연습

[k]

① 목에 힘을 주고 목 속에서부터 깊게 '으ㅋ' 하고 소리를 3번 내봅니다.

② 목에 힘을 주고 공기를 막고 숨을 3초만 참으며 목 속에서부터 깊게 '으' 하고 속으로만 소리를 냅니다. 3초가 지나면 숨을 쉬면서 '으ㅋ' 소리를 냅니다. 이 동작을 3번만 해봅니다.

③ 목에 힘을 주고 공기를 막고 숨을 1초만 참으며 목 속에서부터 깊게 '으' 하고 속으로만 소리를 냅니다. 1초가 지나면 막았던 공기를 터트리며 강하게 '으ㅋ' 하고 소리를 냅니다. 이 동작을 3번만 해봅니다.

④ 목에 힘을 주고 공기를 막고 숨을 1초만 참으며 목 속에서부터 깊게 '으' 하고 속으로만 소리를 냅니다. 1초가 지나면 막았던 공기를 터트리며 강하게 'ㅋ' 하고 소리를 냅니다. 이 동작을 3번만 해봅니다. (이때 '으' 소리는 입속으로만 내고 입 밖으로는 'ㅋ' 소리만 내야 합니다.)

⑤ 한국어 'ㅋ'이나 영어 [k]나 모두 무성음이니까 성대에 손끝을 대도 떨림(진동)이 없습니다. 성대에 손끝을 댄 채로 위 ④번의 동작을 3번만 해봅니다. 성대에 떨림(진동)이 있으면 떨림이 없을 때까지 이 동작을 반복합니다. 성대가 떨림이 없이 소리가 난다면 바로 그 소리가 영어의 [k] 소리입니다.

⑥ 이번에는 목에 힘을 주고 공기를 막고 숨을 1초만 참으며 목 속에서부터 깊게 '으' 하고 속으로만 소리를 냅니다. 1초가 지나면 막았던 공기를 터트리며 강하게 cot [kaːt](아기침대)를 발음해 봅니다. 이 동작을 5번만 해봅니다.

[g]

① 목에 힘을 주고 목 속에서부터 깊게 '윽ㄱ' 하고 소리를 2번 내봅니다.

② 목에 힘을 주고 공기를 막고 숨을 3초만 참으며 목 속에서부터 깊게 '윽' 하고 속으로만 소리를 냅니다. 3초가 지나면 숨을 쉬면서 '윽ㄱ' 소리를 냅니다. 이 동작을 2번만 해봅니다.

③ 목에 힘을 주고 공기를 막고 숨을 1초만 참으며 목속에서부터 깊게 '윽' 하고 속으로만 소리를 냅니다. 1초가 지나면 막았던 공기를 터트리며 강하게 '윽ㄱ' 하고 소리를 냅니다. 이 동작을 2번만 해봅니다.

④ 목에 힘을 주고 공기를 막고 숨을 1초만 참으며 목속에서부터 깊게 'ㄱ' 하고 속으로만 소리를 냅니다. 1초가 지나면 막았던 공기를 터트리며 강하게 'ㄱ' 하고 소리를 냅니다. 이 동작은 3번합니다.

⑤ 모음인 'ㅡ'를 집어넣지 않도록 조심하면서 바로 위의 ④번 동작을 몇차례 합니다. 바로 그 소리가 영어의 [g] 소리입니다.

⑥ 이번에는 목에 힘을 주고 공기를 막고 숨을 1초만 참으며 목속에서부터 깊게 '윽' 하고 속으로만 소리를 냅니다. 1초가 지나면 막았던 공기를 터트리며 강하게 got [gaːt] (get의 과거) 를 발음해 봅니다. 이 동작을 5번만 해봅니다.

발음 요령

[k]

① 목에 힘을 주고 공기를 막고 숨을 1초만 참으며 목속에서부터 깊게 '으' 하고 속으로만 소리를 냅니다.

② 1초가 지나면 막았던 공기를 터트리며 강하게 'ㅋ' 소리를 냅니다.

③ 목속 깊은 곳에서 '으' 하는 소리를 속으로만 내면서 숨을 0.2초만 참았다가 막았던 공기를 터트리며 강하게 'ㅋ' 소리와 이어지는 모음의 소리를 같이 냅니다. 그 소리가 [k] 소리입니다.

[g]

① 목에 힘을 주고 공기를 막고 숨을 1초만 참으며 목속에서부터 깊게 '윽' 하고 속으로만 소리를 냅니다.

② 1초가 지나면 막았던 공기를 터트리며 강하게 'ㄱ' 소리를 냅니다.

③ 목속 깊은 곳에서 '윽' 하는 소리를 속으로만 내면서 숨을 0.2초만 참았다가 막았던 공기를 터트리며 강하게 'ㄱ' 소리와 이어지는 모음의 소리를 같이 냅니다. 그 소리가 [g] 소리입니다.

주의사항

① pick [pik], back [bæk], big [big], egg [eg]처럼 자음인 [k], [g]로 끝나는 단어의 경우 모음인 'ㅡ'가 들어가지 않도록 주의하여 발음합니다.

② [k]는 무성음이니까 무성음인 [k]로 끝나는 pick [pik], back [bæk] 같은 단어를 발음할 때는 실제로 성대에 손을 대어서 모음인 'ㅡ'가 들어가지 않도록 성대가 떨리지 않는지 확인하면서 정확한 음절로 발음합니다.

단어 발음 연습 (음원 07_01_07~08)

[k]

단어	발음기호	뜻
cot	[ka:t]	아기침대
kiss	[kis]	키스
cat	[kæt]	고양이
cash	[kæʃ]	현금
cut	[kʌt]	자르다
pick	[pik]	줍다
deck	[dek]	(배의)갑판
back	[bæk]	뒤
book	[buk]	책
look	[luk]	보다
cook	[kuk]	요리하다
kick	[kik]	~을 차다

[g]

단어	발음기호	뜻
got	[ga:t]	get의 과거
go	[gou]	가다
god	[ga:d]	신
guide	[gaid]	안내하다
get	[get]	얻다
gas	[gæs]	가스, 기체
big	[big]	큰
pig	[pig]	돼지
egg	[eg]	달걀
hug	[hʌg]	껴안다
bag	[bæg]	가방
gag	[gæg]	개그, 장난

07 [m], [n], [ŋ]

[m], [n], [ŋ]은 한국발음 'ㅁ', 'ㄴ', '응'과 거의 같은 소리로 한국발음으로 소리를 내도 원어민이 100% 알아듣습니다. 원어민의 [m], [n], [ŋ] 소리는 비음의 정도가 조금 더 강할 뿐입니다.

[m], [n], [ŋ]은 모두 비음, 즉 콧소리입니다. 따라서 한꺼번에 준비운동을 같이하고 해보면 발음이 훨씬 더 잘됩니다. 따라서 [m], [n], [ŋ] 세가지 발음의 사전 연습을 한꺼번에 이어서 같이 한 후에 각각의 발음 연습을 하면 훨씬 쉽게 발음할 수있습니다.

준비운동

[m]

① 입술에 약간 힘을 주고 위아래 입술을 붙인 상태에서 콧구멍이 좀 더 커지도록 코에도 힘을 준 상태에서 코로 공기를 내보내며 '음~' 하고 길게 소리를 냅니다.
콧구멍이 조금 커지고 콧구멍을 둘러싼 살이 좀 더 단단해 지고 손가락으로 콧구멍을 둘러싼 살을 만져보면 떨림이 느껴질 때까지 이동작을 반복합니다. 위의 요구사항을 만족시키는 소리가 연달아 5번 날 때까지 이동작을 반복합니다.

② 이번에는 약간 힘을 주고 위아래 입술을 붙인 상태에서 콧구멍이 좀 더 커지도록 코에도 힘을 준 상태에서 코로 공기를 내보내며 '음~메'('음~'할 때는 입술을 붙이고 '메'할 때는 입술을 떼고 소리를 냅니다.) 하고 길게 소리를 냅니다. 이동작을 5번 반복합니다.

[n]

① 혀끝을 치경 ([t], [d] 발음을 할 때 혀 끝을 댔던 곳)에 댑니다.

② 입술에 약간 힘을 주고 위아래 입술을 붙인 상태에서 콧구멍이 좀 더 커지도록 코

에도 힘을 준 상태에서 코로 공기를 내보내며 '느~ㄴ' 하고 코가 떨리도록 길게 소리를 냅니다. 이 동작을 5번 반복합니다.

③ 이번에는 입을 가볍게 벌리고 콧구멍이 좀 더 커지도록 코에도 힘을 준 상태에서 코로 공기를 내보내며 '느~ㄴ' 하고 길게 소리를 냅니다. 이 동작을 5번 반복합니다.

[ŋ]

① 혀의 끝 부분의 윗면을 최대한 넓게 하여 입천장 안쪽에 올려 붙여서 공기가 입밖으로 못나가게 합니다.

② 콧구멍이 좀 더 커지도록 코에도 힘을 준 상태에서 코로 공기를 내보내며 '으~ㅇ' 하고 코가 떨리도록 길게 소리를 냅니다. 이 동작을 5번 반복합니다.

③ king [kiŋ] 소리를 길게 '키~ㅇ~' 하고 소리를 내며 '으~ㅇ' 소리를 최대한 길게 발음합니다. 이 동작을 5번 반복합니다.

발음 요령

[m]

① 입술에 약간 힘을 주고 위아래 입술을 붙인 상태에서 (음) 하고 속으로만 발음을 한 후에 'ㅁ'을 소리냅니다.

② 단어가 [m] 발음으로 끝날 때는 코에 약간만 힘을 주고 약간 길게 'ㅁ' 발음을 해줍니다.

[n]

① 혀끝을 치경 ([t], [d] 발음을 할 때 혀 끝을 댔던 곳)에 대고 (은)하고 속으로만 발음을 한 후에 'ㄴ'을 소리냅니다.

② 단어가 [n] 발음으로 끝날 때는 코에 약간만 힘을 주고 혀끝을 치경에 댄채로 약간 길게 'ㄴ' 발음을 해줍니다.

[ŋ]

혀의 끝 부분의 윗면을 넓게 하여 입천장 안쪽에 올려 붙여서 공기가 입밖으로 못나가 세 막으며 '으~ㅇ' 하고 조금 길게 소리를 냅니다.

참고사항

일반적인 원어민의 [m], [n], [ŋ] 소리는 비음의 정도가 한국어보다 조금 더 강할 뿐입니다. 프랑스 출신이거나, 프랑스에 오래 살았거나, 프랑스어를 오래 공부한 사람이 아니면 원어민들 중에 비음이 강한 사람들은 주로 뒷골목에서 많이 만나볼 수 있습니다. 물론 이 구분이 절대적인 것은 아닙니다.

따라서 이 발음을 연습하고 배우시되 실제 스피킹 때는 지나친 비음은 자제하시기를 권장합니다.

단어 발음 연습 (🎧 음원 07_01_09~!1)

[m]

단어	발음기호	뜻
me	[mi:]	나를
milk	[milk]	우유
man	[mæn]	남자
mad	[mæd]	미친
map	[mæp]	지도
may	[mei]	~일지도 모른다
make	[meik]	만들다
my	[mai]	나의
mind	[maind]	마음, 정신
game	[geim]	게임, 놀이
came	[keim]	come의 과거
him	[him]	그를, 그 남자를
name	[neim]	이름
time	[taim]	시간
move	[mu:v]	움직이다
mom	[ma:m]	엄마

[n]

단어	발음기호	뜻
need	[ni:d]	필요하다
near	[niər]	가까이
new	[nju:]	새로운
nice	[nais]	친절한, 좋은
no	[nou]	아니, 안돼
now	[nau]	지금
name	[neim]	이름
bin	[bin]	쓰레기통
been	[bi:n]	be동사의 과거분사
can	[kæn]	~을 할 수 있다
fun	[fʌn]	재미있는
main	[mein]	주된
menu	[ˈmenju:]	메뉴
mine	[main]	나의 것
man	[mæn]	남자
moon	[mu:n]	달
nine	[nain]	(숫자)9
none	[nʌn]	아무도 ~않다

[ŋ]

단어	발음기호	뜻
wing	[wiŋ]	날개
ring	[riŋ]	반지, 울리다
sing	[siŋ]	노래하다
king	[kiŋ]	왕
thing	[θiŋ]	물건, 사물
bring	[briŋ]	가지고 오다
spring	[spriŋ]	(계절)봄
ink	[iŋk]	잉크
sink	[siŋk]	가라앉다
pink	[piŋk]	분홍색
drink	[driŋk]	마시다
bank	[bæŋk]	은행
thank	[θæŋk]	감사하다
song	[sɔ:ŋ]	노래
long	[lɔ:ŋ]	길다
along	[əˈlɔ:ŋ]	~을 따라서, 함께
wrong	[rɔ:ŋ]	잘못된

02 기타 모음

01 [a]

[a] 발음기호를 많은 사전에서는 [aː]로 표시하기도 합니다.

원어민들이 발음하는 [a]는 한국어 '아'와 비슷한 소리이지만 혀를 입안 바닥에 붙여 입안의 공간을 최대한 넓게 한 상태에서 한국어 '아' 소리를 낼 때보다 입을 훨씬 더 크게 벌리고 내는 우렁차고 울리는 듯한 소리입니다.

사전 준비 체조

① 혀 전체를 최대한 입안 바닥에 붙여서 입안의 공간을 넓게 합니다. 특히 혀끝의 반대쪽인 혀의 안쪽을 낮아지게 합니다.

② 엄지손가락이 충분히 들어갈 정도로 입을 크게 벌립니다.

③ 엄지손가락을 실제로 입안으로 집어넣으면서 앞에서 배운 [æ] 발음을 할 때처럼 두 개의 '아'를 끊기지 않게 이어서 '아아' 하고 소리를 냅니다.

④ 위의 동작을 20번 반복합니다.

발음 요령

① 혀끝의 반대쪽인 혀의 안쪽에 힘을 주어 혀의 안쪽이 최대한 낮아지게 합니다.

② 혀 전체에 힘을 주고 혀 전체가 입 바닥에 최대한 낮게 깔리게 합니다.

③ 엄지손가락이 가볍게 들어갈 정도로 입을 충분히 벌리고 두 개의 '아' 소리를 끊기지 않게 이어서 '아아' 하고 울리는 듯한 우렁찬 소리를 냅니다.

단어 발음 연습 (음원 07_02_01)

단어	발음기호	뜻
hot	[ha:t]	더운, 뜨거운
not	[na:t]	~이 아니다
lot	[la:t]	많이
got	[ga:t]	get의 과거
dot	[da:t]	점
god	[ga:d]	신
job	[dʒa:b]	일, 직업
top	[ta:p]	꼭대기
stop	[sta:p]	멈추다, 그만하다
copy	[ˈka:pi]	복사하다
holiday	[ˈha:lədei]	휴일
hospital	[ˈha:spitəl]	병원

02 [ɔ:]

[ɔ] 발음기호를 대부분의 사전에서는 [ɔ:]로 표시합니다.

[ɔ:] 소리는 한국어 '오'와 비슷한 소리이지만 원어민이 발음하는 [ɔ:] 소리는 훨씬 입을 많이 벌리고 길게 내는 소리입니다. 원어민의 [ɔ:] 소리는 영국 사람이냐 미국 사람이냐에 따라서 다르고 같은 미국 사람들 중에서도 동부 사람이냐 서부 사람이냐에 따라서도 다릅니다.

원어민의 [ɔ:] 소리는 '오'와 '어' 그리고 '아'의 소리가 함께 뭉쳐서 나는듯한 오묘한 소리이며 영국 사람들은 '오'에 가깝게 미국 동부 사람들은 '어'에 가깝게 미국 서남부 사람들은 '아'에 가깝게 발음하는 경향이 있습니다. 그러나 이러한 구별이 절대적인 것은 아닙니다.

미국은 연방 국가이기 때문에 우리나라처럼 표준말이라는 개념이 희박하지만 지식인, 고위 공무원, 고위 정치인들이 많이 사는 동북부 발음을 부러워하는 경향이 있어서 이 책에서는 미국 동북부 발음을 표준으로 하여 설명합니다.

발음 요령

① 엄지손가락이 충분히 들어갈 정도로 입을 크게 벌립니다.

② 입술을 살짝만 더 둥글게 오므리고 '오' 소리를 냅니다.
실제로 '오' 소리가 나는지 확인합니다.

③ 그 입 모양 상태에서 혀끝의 반대쪽인 혀의 안쪽을 낮아지게 합니다.

④ 입을 크게 벌리고 입술을 살짝 둥글게 오므리고 혀의 안쪽을 낮춘 상태에서 입술을 약간 더 안쪽으로 모음과 동시에 턱을 약간 더 벌리면서 두 개의 '어' 소리를 끊기지 않게 이어서 '어어' 하고 소리를 냅니다.

⑤ 언뜻 들으면 '오-' 소리 같지만 자세히 들으면 '어-' 소리에 가까운 '오'와 '어'가 한데 어우러진 것 같은 오묘한 소리가 나면 제대로 발음 한 것입니다.

주의사항

① 발음하면서 입술을 너무 오므리면 영국인의 '오-' 소리에 가까운 소리가 납니다.

② 입술을 벌리면서 발음하면 미국 서남부의 '아-' 소리에 가까운 소리가 납니다.

③ 소리가 끝나기 전에 입이나 턱을 다물면 '어우'에 가까운 잘못된 소리가 납니다.

단어 발음 연습 (음원 07_02_02)

단어	발음기호	뜻
on	[ɔ:n]	~위에
off	[ɔ:f]	~에서 떨어져
all	[ɔ:l]	모두
always	[ˈɔ:lweiz]	항상
ball	[bɔ:l]	공
call	[kɔ:l]	부르다, 전화하다
fall	[fɔ:l]	가을, 떨어지다
hall	[hɔ:l]	홀
mall	[mɔ:l]	쇼핑몰
small	[smɔ:l]	작은
tall	[tɔ:l]	키가 큰
talk	[tɔ:k]	이야기하다
wall	[wɔ:l]	벽
walk	[wɔ:k]	걷다
water	[ˈwɔ:tər]	물
draw	[drɔ:]	그리다
cross	[krɔ:s]	건너다
across	[əˈkrɔ:s]	~전역에서, 가로질러

03 [u]

[u] 소리는 한국어 '우'와 상당히 비슷한 소리로 한국어 '우'로 발음해도 원어민이 100% 알아듣습니다.

원어민이 내는 [u] 소리는 '우'가 50% '으'가 50% 정도 섞인 소리로서 짧은 소리입니다.

사전 준비 체조

1) 앞에서 배운 [ʃ] 발음을 단어만 2차례 반복 연습합니다.

2)
① 아래의 발음 요령을 참조하여 [ʃ] 발음과 똑같은 입 모양을 하고 [ʃ] 발음과 똑같이 혀끝을 아랫니와 아랫잇몸이 만나는 곳에 가볍게 댑니다.

② 한국어 '우'보다 '으'에 좀 더 가까운 '우'('우'가 50% '으'가 50% 정도 섞인 소리) 소리를 짧게 냅니다.

③ 이 연습을 10차례 반복합니다.

발음 요령

1) 앞에서 배운 [ʃ]와 똑같은 입술 모양을 합니다.

① 윗니와 아랫니를 0.5센티미터쯤 뗍니다.

② 반드시 거울을 보고 윗니 4개와 아랫니 4개가 다 보이는 입모양을 한 상태에서 윗입술을 조금 위로 더 올려줍니다.
사람에 따라서는 아무리 해도 윗니 4개와 아랫니 4개가 다 보이지 않을 수도 있습니

다. 그런 경우 전체적인 입 모양을 위와 비슷한 형태를 갖추면 됩니다.
(윗입술과 아랫입술의 전체 모양이 사각형에 조금이라도 가까운 모양이 되도록 하고 윗입술을 조금 더 위로 올려주면 됩니다.)

2) 아랫니와 아랫잇몸이 만나는 곳에 혀끝을 가볍게 댑니다.

3) 한국어 '우'보다 '으'에 좀 더 가까운 '우'('우'가 50% '으'가 50% 정도 섞인 소리) 소리를 짧게 냅니다.

참고사항

영어 단어 중에서 [u] 발음이 들어간 단어 중 현실에서 만날 수 있는 대부분의 단어들을 단어 발음 연습에 포함 시켰습니다. 따라서 이 단어만 열심히 연습해도 여러분의 [u] 발음은 완벽에 가까울 것입니다.

단어 발음 연습 (음원 07_02_03)

단어	발음기호	뜻
full	[ful]	가득한
pull	[pul]	당기다
book	[buk]	책
cook	[kuk]	요리하다
look	[luk]	보다
good	[gud]	좋은
bull	[bul]	황소
full	[ful]	가득한
pull	[pul]	당기다
bush	[buʃ]	덤불
push	[puʃ]	밀다

단어	발음기호	뜻
foot	[fut]	발
hood	[hud]	후드, 두건
hook	[huk]	갈고리
shook	[ʃuk]	shake(흔들다)의 과거
stood	[stud]	stand(서 있다)의 과거
took	[tuk]	take의 과거
wool	[wul]	양모, 모직물
wolf	[wulf]	늑대
could	[kud]	can의 과거
should	[ʃud]	~해야 한다
would	[wud]	~할 것이다
bullet	[ˈbulit]	총알, 탄환
bulletin	[ˈbulətin]	게시, 공시
bully	[ˈbuli]	괴롭히다, 왕따시키다
cookie	[ˈkuki]	(과자)쿠키
woman	[ˈwumən]	여성
wood	[wud]	나무
wooden	[ˈwudn]	나무의
woolen	[ˈwulən]	모직의, 양모의

03 이중 모음

여기서는 앞에서 배운 [ou]처럼 모음 두 개가 결합하여 1음절의 소리를 내는 이중 모음을 배우기로 합니다.

01 [ai]

[ai]는 이중 모음으로 1음절입니다. '아', '이'라고 2음절로 끊어서 발음하지 않고 '아이'처럼 끊기지 않게 쭉 이어서 1음절로 발음하면 원어민이 100% 알아듣습니다.

원어민이 내는 [ai] 소리는 앞에서 배운 것처럼 입을 크게 벌리고 내는 [aː] 소리와 [iː] 소리를 1음절로 끊기지 않게 이어서 내는 소리입니다.

발음 요령

① 혀끝의 반대쪽인 혀의 안쪽에 힘을 주어 혀의 안쪽이 최대한 낮아지게 한 상태에서 엄지손가락이 가볍게 들어갈 정도로 입을 충분히 크게 벌리며 [aː] 소리를 냅니다.

② 혀끝을 아랫니의 윗부분으로 이동시키면서 위쪽의 양 어금니가 다 보일 정도로 입술을 양옆으로 벌리면서 [iː] 소리를 내며 마무리합니다. 발음기호는 [i]로 되어 있지만 실제 내야 하는 소리는 [iː]입니다.

③ [aː]와 [iː] 소리가 끊어지지 않고 부드럽고 자연스럽게 이어지도록 입술 모양을 부드럽고 자연스럽게 변화시키고 혀도 부드럽게 이동시킵니다.

단어 발음 연습 (🎧 음원 07_03_01)

단어	발음기호	뜻
I	[ai]	나
by	[bai]	~옆에
my	[mai]	나의
hi	[hai]	안녕
like	[laik]	좋아하다
line	[lain]	선
kind	[kaind]	친절한/종류
mind	[maind]	마음, 정신

02 [au]

[au]는 이중 모음으로 1음절입니다. '아', '우'라고 2음절로 끊어서 발음하지 않고 '아우'처럼 끊기지 않게 쭉 이어서 1음절로 발음하면 원어민이 100% 알아듣습니다.

원어민이 내는 [au] 소리는 앞에서 배운 것처럼 입을 크게 벌리고 내는 [aː] 소리와 [uː] 소리를 1음절로 끊기지 않게 이어서 내는 소리입니다.

발음 요령

① 혀끝의 반대쪽인 혀의 안쪽에 힘을 주어 혀의 안쪽이 최대한 낮아지게 한 상태에서 엄지손가락이 가볍게 들어갈 정도로 입을 충분히 크게 벌리며 [aː] 소리를 냅니다.

② 휘파람을 불 때처럼 입술을 둥글게 모아서 앞으로 내밀면서 [uː] 소리를 내며 마무리합니다. 발음기호는 [u]로 되어 있지만 실제 내야 하는 소리는 [uː]입니다.

③ [aː]와 [uː] 소리가 끊어지지 않고 부드럽고 자연스럽게 이어지도록 입술 모양을 부드럽고 자연스럽게 변화시킵니다.

단어 발음 연습 (음원 07_03_02)

단어	발음기호	뜻
out	[aut]	~밖으로
sound	[saund]	소리
house	[haus]	집
now	[nau]	지금
down	[daun]	아래
town	[taun]	도시
about	[əˈbaut]	~대하여
around	[əˈraund]	~주위에

03 [ɔi]

[ɔi] 소리는 이중 모음으로 1음절입니다. '오', '이'라고 2음절로 끊어서 발음하지 않고 '오이'처럼 끊기지 않게 쭉 이어서 1음절로 발음하면 원어민이 100% 알아듣습니다.

원어민이 내는 [ɔi] 소리는 앞에서 배운 것처럼 입을 크게 벌리고 입술을 오므리면서 내는 영국식 발음의 [ɔː] 소리와 [iː] 소리를 1음절로 끊기지 않게 이어서 내는 소리입니다.

발음 요령

① 혀끝의 반대쪽인 혀의 안쪽을 낮아지게 한 상태에서 엄지손가락이 충분히 들어갈 정도로 입을 크게 벌린 상태에서 입술을 둥글게 오므리면서 '오' 소리를 냅니다.

② 혀끝을 아랫니의 윗부분으로 이동시키면서 위쪽의 양 어금니가 다 보일 정도로 입술을 양옆으로 벌리면서 [iː] 소리를 내며 마무리합니다.

③ 영국식 발음의 [ɔː] 소리와 [iː] 소리가 끊어지지 않고 부드럽고 자연스럽게 이어지도록 입술 모양을 부드럽고 자연스럽게 변화시키고 혀도 부드럽게 이동시킵니다.

주의 사항

[ɔi] 소리를 낼 때 [ɔː] 소리는 앞에서 배운 미국 북동부식 발음인 '어'에 가까운 소리를 내는 것이 아니라 영국식 발음의 [ɔː] 소리이므로 입을 많이 벌리고 입술을 둥글게 오므리면서 내는 영국식 '오' 소리를 내야 합니다.

단어 발음 연습 (🎧 음원 07_03_03)

단어	발음기호	뜻
boy	[bɔi]	소년
joy	[dʒɔi]	기쁨
toy	[tɔi]	장난감
join	[dʒɔin]	참가하다
coin	[kɔin]	동전
point	[pɔint]	점, 점수
oil	[ɔil]	석유
boil	[bɔil]	끓다

04 [ei]

[ei] 소리는 이중 모음으로 1음절입니다. '에', '이'라고 2음절로 끊어서 발음하지 않고 '에이'처럼 끊기지 않게 쭉 이어서 1음절로 발음하면 한국어 발음도 원어민이 100% 알아듣습니다.

원어민이 내는 [ei] 소리는 앞에서 배운 [e] 소리보다 입을 조금 더 벌린 소리와 [i:] 소리를 1음절로 끊기지 않게 이어서 내는 소리입니다.

발음 요령

① 혀끝을 아랫니와 잇몸이 만나는 곳에 대고 한국어 '에'보다 약간만 더 입을 벌린 상태에서 짧게 '에' 소리를 냅니다.

② 혀끝을 아랫니의 윗부분으로 이동시키면서 위쪽의 양 어금니가 다 보일 정도로 입술을 양옆으로 벌리면서 [i:] 소리를 내며 마무리합니다. 발음기호는 [i]로 되어 있지만 실제 내야 하는 소리는 [i:]입니다.

③ [e] 소리와 [i:] 소리가 끊어지지 않고 부드럽고 자연스럽게 이어지도록 입술 모양을 부드럽고 자연스럽게 변화시키고 혀도 부드럽게 이동시킵니다.

단어 발음 연습 (🎧 음원 07_03_04)

단어	발음기호	뜻
day	[dei]	날
say	[sei]	말하다
play	[plei]	놀다, 게임하다
cake	[keik]	케익
make	[meik]	만들다
take	[teik]	잡다, 가지고 오다
name	[neim]	이름
game	[geim]	게임, 놀이

04 혼성 모음

여기서는 여러 가지 모음과 자음 [r]이 결합하여 1음절의 소리를 내는 혼성 모음을 다루기로 합니다.

01 [əːr]

발음기호 [əːr]는 사전에 따라서 [ɜ·]나 [ɜr]로 표시하기도 합니다. [əːr] 소리는 모음인 [ə]와 자음인 [r]이 결합한 소리로서 1음절입니다.

앞에서 배운 것처럼 한국어 '어'보다 입을 조금 더 벌리고 '어'소리를 낸 후에 [r]을 'ㄹ' 받침 삼아 입을 약간 다물면서 '얼'(='어r') 하고 어얼(='어r') 소리가 끊기지 않고 쭉 이어지도록 1음절로 발음하면 원어민들이 100% 듣고 이해하는 [əːr] 소리가 나옵니다.

그런데 원어민이 내는 소리는 미세하지만 조금 차이가 나는 소리입니다. 원어민이 내는 [əːr] 소리는 앞에서 배운 [ʃ] 소리와 같은 입 모양을 한 상태에서 혀는 [r]처럼 한 상태에서 입을 조금 다물면서 내는 소리입니다.

발음 요령

1) 앞에서 배운 [ʃ] 소리와 똑같은 입 모양을 합니다.

① 윗니와 아랫니를 0.5센티미터쯤 뗍니다.

② 반드시 거울을 보고 윗니 4개와 아랫니 4개가 다 보이는 입모양을 한 상태에서 윗입술을 조금 위로 더 올려줍니다.

사람에 따라서는 아무리 해도 윗니 4개와 아랫니 4개가 다 보이지 않을 수도 있습니다. (윗입술과 아랫입술의 전체 모양이 사각형에 조금이라도 가까운 모양이 되도록 하고 윗입술을 조금 더 위로 올려주면 됩니다.)

2) 혀끝은 입천장으로 향하게 하되 혀는 입안 어디에도 닿으면 안 됩니다.

3) 그 상태에서 입을 약간 다물면서 [əːr] 소리를 냅니다. 이때 여전히 혀는 입안 어디에도 닿으면 안 됩니다.

참고사항

① 원어민들은 bird [bəːrd]나 dirty [ˈdəːrti]처럼 [əːr] 소리가 처음이나 중간에 오는 경우에는 [r] 소리를 분명히 발음 하는데 teacher [ˈtiːtʃər], water [ˈwɔːtər]처럼 [əːr] 소리가 끝에 오는 경우 [r] 발음을 생략하거나 아주 약하게 하는 경우가 대부분입니다.

② [əːr] 소리와 [ɜr] 소리는 사실 미세하게 다른 소리입니다.

[ɜr] 소리는 위에서 설명한 것처럼 입을 약간 다물면서 내는 소리이고 [əːr] 소리는 입을 거의 움직이지 않고 내는 소리입니다. 그러므로 위에서 설명한 [əːr] 소리는 사실 [ɜr] 소리를 설명한 것입니다.

그러나 원어민들도 [əːr] 소리와 [ɜr] 소리를 구분하여 정확히 발음하지 않는 경우도 많고 대부분 [əːr] 소리와 [ɜr] 소리를 듣고 정확히 구분하지 못하고 많은 사전에서 [əːr]과 [ɜr]를 구분하지 않고 사용하고 있어서 이 책에서는 [əːr] 소리 하나로 통일하여 설명하였습니다.

단어 발음 연습 (음원 07_04_01)

단어	발음기호	뜻
sir	[sə:r]	선생님, 호칭
bird	[bə:rd]	새
birth	[bə:rθ]	출생
dirty	[ˈdə:rti]	더러운
girl	[gə:rl]	소녀
thirty	[ˈθə:rti]	30, 서른
burn	[bə:rn]	태우다
curve	[kə:rv]	곡선, 커브

02 [aːr]

앞에서 배운 것처럼 혀가 입안 어디에도 닿지 않도록 혀끝이 입천장을 향하게 하고 한국어 '아'보다 입을 조금만 더 벌리고 '아' 소리를 낸 후에 입을 약간만 다물면서 '알'(='아r') 소리를 내며 '아알(='아r')' 하고 끊기지 않게 쭉 이어서 1음절로 발음하면 원어민들이 100% 듣고 이해하는 [aːr] 소리가 나옵니다.

그런데 원어민이 내는 소리는 미세하지만 조금 차이가 나는 소리입니다. 원어민이 내는 [aːr] 소리는 앞에서 배운 [aː] 소리와 앞에서 배운 [əːr] 소리를 끊기지 않게 1음절로 내는 소리입니다.

발음 요령

1) 혀를 낮게 한 상태에서 입을 충분히 크게 벌리며 [aː] 소리를 낸 후에 윗니 4개와 아랫니 4개가 다 보이는 입 모양을 한 상태에서 혀끝은 입천장으로 향하게 하고 혀가 입천장에 닿지 않도록 입을 약간 다물면서 [əːr] 소리를 냅니다. 즉 소리가 끊기지 않게 이어지도록 자연스럽게 [aər] 소리를 1음절로 냅니다.

2) 이 동작으로 구분 동작으로 설명하자면

(1) 혀의 안쪽에 힘을 주어 혀의 안쪽이 최대한 낮아지게 한 상태에서 엄지손가락이 가볍게 들어갈 정도로 입을 충분히 크게 벌리며 [aː] 소리를 냅니다.

(2) 앞에서 배운 [ʃ] 소리와 똑같은 입 모양을 합니다.

① 윗니와 아랫니를 0.5센티미터쯤 뗍니다.

② 윗니 4개와 아랫니 4개가 다 보이는 입 모양을 한 상태에서 윗입술을 조금 위로 더 올려줍니다.

(2) 혀끝은 입천장으로 향하게 하되 혀는 입안 어디에도 닿으면 안 됩니다.

(3) 그 상태에서 입을 약간 다물면서 [əːr] 소리를 냅니다. 이때 여전히 혀는 입안 어디에도 닿으면 안 됩니다.

(4) [a] 소리를 낸 후 [ər] 소리까지 끊기지 않고 자연스럽게 이어지도록 1음절로 소리를 냅니다.

단어 발음 연습 (음원 07_04_02)

단어	발음기호	뜻
car	[kaːr]	자동차
card	[kaːrd]	카드
hard	[haːrd]	열심히, 힘든
dark	[daːrk]	어두운
park	[paːrk]	공원
mark	[maːrk]	마크, 표시
cart	[kaːrt]	카트, 손수레
part	[paːrt]	파트, 부분

03 [ɔːr]

발음기호 [ɔːr]은 사전에 따라서 [ɔər], [ɔːər], [ɔəːr], [ɔɝ], [ɔɝr] 등으로 표시하기도 합니다.

원어민이 내는 [ɔːr] 소리는 앞에서 배운 [ɔːr] 소리와 미세하지만 조금은 차이가 나는 소리입니다. 원어민이 내는 [ɔːr] 소리는 앞에서 배운 것처럼 입을 크게 벌리고 입술을 오므리면서 내는 영국식 발음의 [ɔː] 소리와 앞에서 배운 [əːr] 소리를 끊기지 않게 1음절로 내는 소리입니다.

발음 요령

1) 혀의 안쪽을 낮게 한 상태에서 엄지손가락이 충분히 들어갈 정도로 입을 크게 벌린 상태에서 입술을 둥글게 오므리면서 '오' 소리를 낸 후에 윗니 4개와 아랫니 4개가 다 보이는 입 모양을 한 상태에서 혀끝은 입천장으로 향하게 하고 혀가 입천장에 닿지 않도록 입을 약간 다물면서 [əːr] 소리를 냅니다. 즉 소리가 끊기지 않게 이어지도록 자연스럽게 [ɔər] 소리를 1음절로 냅니다.

2) 이 동작으로 구분 동작으로 설명하자면

(1) 혀의 안쪽을 낮게 한 상태에서 엄지손가락이 충분히 들어갈 정도로 입을 크게 벌린 상태에서 입술을 둥글게 오므리면서 영국식 [ɔː] 소리를 냅니다.

(2) 앞에서 배운 [ʃ] 소리와 똑같은 입 모양을 합니다.

① 윗니와 아랫니를 0.5센티미터쯤 뗍니다.

② 윗니 4개와 아랫니 4개가 다 보이는 입 모양을 한 상태에서 윗입술을 조금 위로 더 올려줍니다.

(3) 혀끝은 입천장으로 향하게 하되 혀는 입안 어디에도 닿으면 안 됩니다.

(4) 그 상태에서 입을 약간 다물면서 [ə:r] 소리를 냅니다. 이때 여전히 혀는 입안 어디에도 닿으면 안 됩니다.

3) 전체적인 동작을 간단히 설명하면 영국식 [ɔ:] 소리를 낸 후 [ər] 소리까지 끊기지 않고 자연스럽게 이어지도록 1음절로 소리를 냅니다.

단어 발음 연습 (음원 07_04_03)

단어	발음기호	뜻
more	[mɔ:r]	더많은
door	[dɔ:r]	문
core	[kɔ:r]	핵심
score	[skɔ:r]	점수
store	[stɔ:r]	가게
before	[biˈfɔ:r]	~이전에

04 [eər]

발음기호 [eər]은 사전에 따라서 [ɛər], [ɛəːr], [ɛɚ], [ɛɹ], [ɛɜr] 등으로 표시하기도 합니다.

원어민이 내는 [eər] 소리는 앞에서 배운 [eər] 소리와 미세하지만 조금은 차이가 나는 소리입니다. 원어민이 내는 [eər] 소리는 앞에서 배운 단모음인 [e] 보다 입을 조금 더 벌린 소리와 앞에서 배운 [əːr] 소리를 끊기지 않게 1음절로 내는 소리입니다.

발음 요령

① 혀끝을 아랫니와 잇몸이 만나는 곳에 대고 한국어 '에'보다 약간만 더 입을 벌린 상태에서 짧게 '에' 소리를 낸 후에 윗니 4개와 아랫니 4개가 다 보이는 입 모양을 한 상태에서 혀끝은 입천장으로 향하게 하고 혀가 입천장에 닿지 않도록 입을 약간 다물면서 [əːr] 소리를 냅니다.

② [e] 소리와 [əːr] 소리가 끊어지지 않고 부드럽고 자연스럽게 이어지도록 입술 모양을 부드럽고 자연스럽게 변화시키고 혀도 부드럽게 이동시킵니다. 즉 소리가 끊기지 않게 이어지도록 자연스럽게 [eər]을 1음절로 소리를 내면 됩니다.

단어 발음 연습 (음원 07_04_04)

단어	발음기호	뜻
air	[eər]	공기
care	[keər]	관심을 갖다
fair	[feər]	공평한
hair	[heər]	머리카락
chair	[tʃeər]	의자
there	[ðeər]	거기
share	[ʃeər]	공유하다

05 [iər]

발음기호 [iər]은 사전에 따라서 [ir](특히 네이버 사전에는 대부분 이렇게 표시되어 있습니다), [iəːr], [iɝ], [ɪɜr] 등으로 표시하기도 합니다.

원어민이 내는 [iər] 소리는 앞에서 배운 [iər] 소리와 미세하지만 조금은 차이가 나는 소리입니다. 원어민이 내는 [iər] 소리는 [ˈiər]처럼 [i]에 악센트가 있다고 생각하고 짧고 강하게 발음한 후에 이어서 [əːr] 소리가 끊기지 않게 1음절로 내는 소리입니다.

[iər]는 이중 혼성 모음으로 1음절이기 때문에 이론적으로는 따로 악센트가 있을 수 없지만 [ˈiər]처럼 [i]에 악센트가 있다고 생각하고 발음해야 합니다.

발음 요령

① '이'를 짧고 강하게 소리를 낸 후에 윗니 4개와 아랫니 4개가 다 보이는 입 모양을 한 상태에서 혀끝은 입천장으로 향하게 하고 혀가 입천장에 닿지 않도록 입을 약간 다물면서 [əːr] 소리를 냅니다.

② [i] 소리와 [əːr] 소리가 끊어지지 않고 부드럽고 자연스럽게 이어지도록 입술 모양을 부드럽고 자연스럽게 변화시키고 혀도 부드럽게 이동시킵니다.

단어 발음 연습 (🎧 음원 07_04_05)

단어	발음기호	뜻
ear	[iər]	귀
hear	[hiər]	듣다
near	[niər]	가까이
year	[jiər]	해, 년
fear	[fiər]	두려움
tear	[tiər]	눈물
clear	[kliər]	분명한, 맑은

06 [uər]

[uər]의 발음기호를 사전에 따라서 [ur], [ʊr](특히 네이버 사전에는 대부분 이렇게 표시되어 있습니다), [uə:r], [uɝ], [uɜr], [ʊɝ], [ʊɜr] 등으로 표시하기도 합니다.

원어민이 내는 [uər] 소리는 앞에서 배운 [uɚr] 소리와 미세하지만 조금은 차이가 나는 소리입니다. 원어민이 내는 [uər] 소리는 [u:] 소리를 제대로 낸 후에 바로 이어서 [ə:r] 소리가 끊기지 않게 자연스럽게 [u:ər]를 1음절로 내는 소리입니다.

발음 요령

① 앞에서 배운 [u:]와 같이 혀끝을 아랫니와 아랫잇몸이 만나는 곳에 대고 휘파람을 불 때처럼 입술을 둥글게 모아서 앞으로 내밀며 약간 길게 '우-' 소리를 냅니다. 발음기호는 [u]로 되어 있지만 실제로 내야 하는 소리는 [u:] 소리입니다.

② 소리가 끊기지 않게 바로 이어서 윗니 4개와 아랫니 4개가 다 보이는 입 모양을 하고 혀끝은 입천장으로 향하게 하고 혀가 입천장에 닿지 않도록 하면서 입을 약간 다물면서 [ə:r] 소리를 냅니다.

③ [u:] 소리와 [ə:r] 소리가 끊어지지 않고 부드럽고 자연스럽게 이어지도록 입술 모양을 부드럽고 자연스럽게 변화시키고 혀도 부드럽게 이동시킵니다.

주의사항

앞에서도 설명하였지만 [uər]의 발음기호 맨 처음이 [u]로 되어있지만 여기서 내야 하는 소리는 짧은 소리인 [u]가 아니라 입술을 내밀고 길게 발음하는 [u:] 소리입니다.

단어 발음 연습 (🎧 음원 07_04_06)

단어	발음기호	뜻
cure	[kjuər]	치료하다
pure	[pjuər]	순수한
sure	[ʃuər]	확실한
tour	[tuər]	투어, 여행
your	[juər]	당신의, 너의
poor	[puər]	가난한

07 [aiər]

[aiər]의 발음기호를 사전에 따라서 [air], [aiə:r], [aiɚ], [aiɜr] 등으로 표시하기도 합니다. 또 이 소리가 끝소리로 오는 경우에는 [r] 소리가 약하기 때문에 [aiə(r)]로 표시하기도 합니다.

원어민이 내는 [aiər] 소리는 입을 크게 벌리고 내는 [aː] 소리로 시작하여 이중 모음인 [ai] 소리를 제대로 낸 후에 바로 이어서 [əːr] 소리가 끊기지 않게 [aiər]를 자연스럽게 1음절로 내는 소리입니다.

발음 요령

① 앞에서 배운 [ai]와 같이 혀의 안쪽이 최대한 낮아지게 한 상태에서 입을 크게 벌리며 [aː] 소리를 냅니다.

② 혀끝을 아랫니의 윗부분으로 이동시키면서 위쪽의 양 어금니가 다 보일 정도로 입술을 양옆으로 벌리면서 [iː] 소리를 냅니다. 발음기호는 [i]로 되어있지만 실제로 내야 하는 소리는 [iː] 소리입니다.

③ 윗니 4개와 아랫니 4개가 다 보이는 입 모양을 하고 혀끝은 입천장으로 향하게 하고 혀가 입천장에 닿지 않도록 하면서 입을 약간 다물면서 [əːr] 소리를 냅니다.

③ [aː], [iː], [əːr] 소리가 끊어지지 않고 부드럽고 자연스럽게 이어지도록 입술 모양을 부드럽고 자연스럽게 변화시키고 혀도 부드럽게 이동시킵니다.

주의사항

앞의 [ai] 발음 때도 설명하였지만 [aiər]의 발음기호 중간에 나오는 발음기호가 [i]로 되어있지만 여기서 내야 하는 소리는 짧은 소리인 [i]가 아니라 입술을 양옆으로 벌리면서 길게 발음하는 [iː] 소리입니다.

단어 발음 연습 (🎧 음원 07_04_07)

단어	발음기호	뜻
fire	[faiər]	불, 해고하다
hire	[haiər]	고용하다
tire	[taiər]	타이어
wire	[waiər]	와이어, 전선
lier	[liər]	거짓말쟁이
tired	[taiərd]	피곤한
fired	[faiərd]	해고된
hired	[haiərd]	고용된

08 [auər]

[auər]의 발음기호를 사전에 따라서 [aur], [auɾər], [auə:r], [auɝ], [auɜr] 등으로 표시하기도 합니다. 또 이 소리가 끝소리로 오는 경우에는 [r] 소리가 약하기 때문에 [auə(r)]로 표시하기도 합니다.

원어민이 내는 [auər] 소리는 앞에서 배운 원어민식의 [au] 소리 즉, 입을 크게 벌리고 내는 [a:] 소리와 입술을 내밀고 내는 [u:] 소리를 1음절로 이어서 소리 낸 후에 바로 이어서 [ə:r] 소리가 끊기지 않게 [auər]를 자연스럽게 1음절로 내는 소리입니다.

발음 요령

① 혀의 안쪽이 최대한 낮아지게 한 상태에서 입을 크게 벌리며 [a:] 소리를 냅니다.

② 휘파람을 불 때처럼 입술을 둥글게 모아서 앞으로 내밀면서 [u:] 소리를 냅니다.

③ 윗니 4개와 아랫니 4개가 다 보이는 입 모양을 하고 혀끝은 입천장으로 향하게 하고 혀가 입천장에 닿지 않도록 하면서 입을 약간 다물면서 [ə:r] 소리를 냅니다.

④ [a:], [u:], [ə:r] 소리가 끊어지지 않고 부드럽고 자연스럽게 이어지도록 입술 모양을 부드럽고 자연스럽게 변화시키고 혀도 부드럽게 이동시킵니다.

주의사항

앞의 [au] 발음 때도 설명하였지만 [auər]의 발음기호 중간에 나오는 발음기호가 [u]로 되어있지만 여기서 내야 하는 소리는 짧은 소리인 [u]가 아니라 휘파람을 불 때처럼 입술을 둥글게 모아서 앞으로 내밀면서 길게 발음하는 [u:] 소리입니다.

단어 발음 연습 (음원 07_04_08)

단어	발음기호	뜻
our	[auər]	우리의
sour	[sauər]	소리
tower	[tauər]	탑
power	[pauər]	힘
shower	[ʃauər]	샤워
flower	[flauər]	꽃
coward	[ˈkauərd]	겁쟁이

JHO 100시간 영어 시리즈 ②
발음

초판 1쇄 발행 2019년 11월 25일
초판 2쇄 발행 2021년 12월 1일

✚ 지은이 **JHO**
✚ 펴낸이 **이동하** ✚ 디자인 **조종완**

✚ 펴낸곳 **새잎** ✚ 등록 2010년 1월 26일 제25100-2010-0001호
✚ 서울시 마포구 월드컵북로 400, 201호 중 K-19(상암동, 서울산업진흥원)
✚ 전화 0505-987-4221 ✚ 팩스 0505-987-4222

ISBN: 979-11-85600-26-0(13740)

책값은 뒤표지에 있습니다.
잘못된 도서는 구입하신 서점에서 교환해 드립니다.